Nadine Oberhuber

KASSENSTURZ

NADINE OBERHUBER

KASSENSTURZ

Wie aus weniger wieder mehr wird
Gute Tipps für harte Zeiten

Frankfurter Allgemeine Buch

Bibliografische Information der Deutschen Nationalbibliothek
Die Deutsche Nationalbibliothek verzeichnet diese Publikation
in der Deutschen Nationalbibliografie; detaillierte bibliografische
Daten sind im Internet über http://dnb.d-nb.de abrufbar.

Nadine Oberhuber

Kassensturz

Wie aus weniger wieder mehr wird
Gute Tipps für harte Zeiten

F.A.Z.-Institut für Management-,
Markt- und Medieninformationen GmbH
Frankfurt am Main 2009

ISBN 978-3-89981-204-6

Frankfurter Allgemeine Buch

Copyright   F.A.Z.-Institut für Management-,
                Markt- und Medieninformationen GmbH
                Mainzer Landstraße 199
                60326 Frankfurt am Main

Bildauswahl/Satz
Umschlag   F.A.Z., Verlagsgrafik
Titelbild   Christopher Fellehner
Satz Innen   Nicole Bergmann
Druck/Bindung   CPI Moravia Books, Pohorelice

Printed in EU

INHALT

Für M. und P., vor allem für J. und T.,
für C., T., C., H., N. – und E.
für Euch alle, denn ohne Euch gäbe es dieses Buch nicht.
Und auch nicht viele seiner Tipps.
Darum: Ein großes Dankeschön fürs Ausprobieren,
Anspornen und Ausplaudern!

Wir müssen stark sein. Ständig. Sonst hält ein Konsument das, was da draußen passiert, gar nicht mehr aus: Auch wenn ein paar Dinge erstmals seit Jahrzehnten billiger werden – so wird es wohl nicht lange bleiben. Viele Preise steigen. Und der Rest des Lebens wird auch immer teurer: Die Kosten für Energie, Gesundheit oder Mobilität – sie steigen. Die Gehälter aber nicht. Jedenfalls nicht im gleichen Maße. Deutschland ist auf Sparflamme, denn die Wirtschaft hat gleich ein paar Gänge auf einmal zurückgeschaltet und ist in die rasanteste und schlimmste Rezession seit dem Zweiten Weltkrieg gerauscht. Das merken Firmen und Angestellte, Käufer und Sparer. Während die Zinsen sinken und die Börsen auf Berg- und Talfahrt sind, ächzt das Weltfinanzsystem vor sich hin. Es versucht, sich irgendwie neu zu organisieren. Wer von uns weiß da heute schon, was ihm morgen überhaupt noch bleibt – vom Job, vom Gehalt, vom Ersparten?

Das Geld wird knapp.

Aber es gibt Hoffnung: Es wäre doch gut, wenn wir wüssten, wie wir einfach mehr aus dem machen, was wir haben: Wie wir mehr übrig behalten von dem Geld, das monatlich auf dem Konto landet. Wie wir mit dem gleichen Betrag zum Einkauf losziehen und trotzdem mehr dafür bekommen. Wo wir sogar größere Summen sparen können, ganz ohne dass es wehtut.

Denn wenn wir ehrlich sind: Wir haben uns doch schon oft gefragt, ob wir wirklich all das permanent brauchen, was wir haben – oder ob es nicht viel einträglicher wäre, bestimmte Dinge mit anderen zu teilen und dadurch Kosten zu sparen. Oder wo wir einfach woanders noch ein bisschen Geld zusätzlich herbekommen.

Nur damit wir uns richtig verstehen: Dieses Buch will nicht einstimmen in den Chor derjenigen, die sagen, wir besäßen viel zu viel. Wir müssten nur wieder lernen, unser Leben zu vereinfachen, uns zu bescheiden. Natürlich kämen wir mit weniger aus. Aber deswegen muss das, was wir haben, ja nicht schlecht sein. Oder überflüssig. Deshalb will dieses Buch vor allem eines: Es will zeigen, dass wir manches besser nutzen können. Und dass wir anderes, was wir gern hätten, auch einfacher bekommen können. Es zeigt, dass es manchmal mehr bringt, über eine Ausgabe nachzudenken – als darüber, wie mehr Geld in die Kasse hereinkommt. Es zeigt, dass wir gewinnen können, wenn wir als Konsumenten den Autopiloten ausschalten und wenn wir wieder Preise oder Leistungen in Frage stellen. Es macht vor allem eines: Es gibt gute Tipps für harte Zeiten.

Es hilft auch denen, die glauben, dass die Welt und ihr Konto eigentlich noch ganz im Lot sind. Denn ein klein bisschen mehr Geld können wir doch alle gebrauchen. Und wir könnten es sogar ohne große Mühe am Ende des Monats übrig behalten.

„Kassensturz" verrät, mit welchen Tricks uns Vertreter, Verkäufer und Vermittler immer wieder zu viel Geld aus der Tasche leiern – und wie wir ihnen dabei redlich einen Strich durch die Rechnung machen können. Es sagt, wo wir auch ohne fremdes Zutun viel Geld verpulvern, ohne dass es uns einen zusätzlichen Nutzen bringt.

Es überprüft Grundregeln, die wir als Konsumenten vorschnell glauben – ohne zu fragen, wer sie eigentlich aufgestellt hat. Und warum. Es zeigt uns Gewohnheiten auf, die wir ohne großen Aufwand ändern können, weil sie uns nämlich bares Geld kosten. Das uns dann an anderer Stelle wieder fehlt.

Es erzählt mit einem Augenzwinkern viele selbst erlebte Geschichten vom Einkaufen und Konsumieren, die beweisen, dass auch Sparfüchse viel Spaß beim Shoppen haben können.

Und wer jetzt meint: Bei mir geht nichts mehr, darf sicher sein: Da geht noch eine Menge.

Neulich saß ich mit einem Freund im Café. Er seufzte ganz tief: „Es ist verrückt, aber je mehr Geld ich verdiene, desto mehr brauche ich auch. Denn je mehr es wird, desto mehr gebe ich aus." Zuerst musste ich lachen und beruhigte ihn: Er teilt dieses Schicksal mit ziemlich vielen anderen Leuten. Auch mit mir. Wir bekommen im Laufe des Lebens immer mehr. Aber bleibt deshalb am Ende jedes Monats auch mehr übrig?

Nein, irgendwie ist es am Ende trotzdem immer zu wenig. Vor ein paar Jahren, als er noch selbständig war, erzählte mein Freund, hatte er sich eine finanzielle Zielmarke gesetzt: Seine Agentur lief noch nicht berauschend. Aber wenn sie 1.500 Euro im Monat unterm Strich abwerfen würde, käme er wohl gut über die Runden, kalkulierte er: 600 Euro zahlte er an Miete, 200 brauchte er für Strom, Gas, Telefon und Benzin, noch einmal 200 für die monatliche Kühlschrankfüllung. Blieben noch 500 Euro übrig, von denen er einen Teil für Kleidung, Ausgehen und gelegentlichen Genuss ausgeben und den Rest sparen konnte. Wenn es einen Rest gäbe. Kein überwältigend üppiges Leben, aber doch ein ziemlich gutes, fand er damals. Und war er nicht im Studium sogar noch mit viel weniger ausgekommen?

Nur: Wie zum Teufel hatte er das eigentlich gemacht? Und warum reichten ihm die 1.500 Euro ziemlich bald nicht mehr? Wieso verdient er jetzt sogar 2.000 Euro und auch damit wird es manchmal knapp? Vielleicht liegt es daran, dass seine Wohnung inzwischen größer geworden ist, er seine Anzüge nicht mehr bei H&M kauft, sondern beim Herrenausstatter und sein neues Auto auch mehr Sprit schluckt als die alte Studentengurke. Vielleicht daran, dass er inzwischen nicht mehr beim Discounter einkauft, sondern sich öfter mal Käse aus dem Bio-Supermarkt gönnt, und dass er sich in Kneipen nicht den ganzen Abend lang an einem Glas Wein festhält, sondern sich auch mal ein zweites bestellt. Das ist es, was sein Leben teurer macht — aber auch irgendwie besser als früher. Das will er deshalb auch nicht ändern. Oder sollte er das? Macht er damit irgendwas falsch? Nein, denn eine Antwort auf die Frage, warum sein Geld nicht wirklich reicht, ist: Das Geld reicht eigentlich nie. Egal, wie viel wir verdienen.

Denn das Hinterhältige am Geld ist: Je mehr wir davon haben, desto mehr kaufen wir auch. Desto mehr gönnen wir uns, entweder permanent oder außer der Reihe. Wir sind sozusagen der fleischgewordene Beleg dafür, wie Wachstum in der Wirtschaft funktioniert: Zuerst tragen wir Markenhemden statt Billig-T-Shirts. Dann werden die Hemden noch teurer und sogar bügelfrei, weil das bequemer ist, als das bisschen Freizeit mit Bügeln zu verbringen oder viel Geld und Nerven in der Wäscherei zu lassen. Wir fahren größere Autos, weil unsere kleine, verbeulte Rostlaube auf dem Parkplatz des Kunden doch irgendwie peinlich aussah. Und wir ziehen in schönere Wohnungen mit richtigen

Möbeln. Die kosten dann zwar das Doppelte von dem, was wir bei skandinavischen Möbelhäusern ausgegeben hätten, aber dafür halten sie auch mehrere Umzüge aus – und wir müssen sie auch nicht mehr selber transportieren und zusammenschrauben. Und jeder, der schon mal einen Samstagnachmittag in einem überfüllten Ikea verbracht hat, nur um anschließend mit einem Bretterberg vor der Heckklappe seines Wagens zu stehen („Ach, die passen da schon irgendwie rein"), dann keuchte und wuchtete, um die Bretter zu verladen – während er sich fragte, wie er die Dinger eigentlich zuhause bis in den dritten Stock schleppen sollte –, bis er angesichts der Länge der Regalbretter und der tatsächlichen Kürze des Autos („Ups – nein, ich glaube, das passt tatsächlich nicht") doch kapitulierte, den Berg wieder in den Laden zurückschob, ihn beim Servicepoint eincheckte, einen Liefertermin „morgen oder übermorgen zwischen 9 und 18 Uhr" bekam, dafür dann zwei Tage Urlaub einreichte und am Ende auch noch ziemlich viel Geld dafür bezahlte – der weiß ungefähr, was ich meine. Und der weiß auch, dass es kein überflüssiger Luxus ist, sich ab und zu mal zu sagen: Das haben wir uns verdient!

Das Schöne ist: Wir müssen uns all die kleinen und großen Extras gar nicht unbedingt verkneifen. Auch nicht, wenn die Zeiten härter werden. Klingt unglaublich, oder? Stimmt aber: Bevor wir vorschnell auf den wenigen Luxus verzichten, der unser Leben leichter und auch lebenswerter macht, sollten wir uns lieber mal unsere Haushaltskasse ganz genau ansehen. Bei den meisten von uns gibt es nämlich noch genug Stellen, an denen wir mehr herausholen könnten. Stellen, an denen wir mehr bezahlen als wir müssten – ohne dafür einen Mehrwert zu bekommen. Wie wäre es also damit, erstmal mehr aus dem herauszuholen, was wir schon haben?

Kleine Geschenke erhalten die Kundschaft

Das letzte Mal, dass ich etwas geschenkt bekam, das war in einem Sportladen. Und es war nicht vor 15 oder 20 Jahren, als ich noch jung und unbedarft war. Es war vor ein paar Wochen: Ich wollte noch ein neues Radtrikot für die ausklingende Sommersaison kaufen. Sie hatten nur noch eine Trikotserie da, die mir gefiel. Aber es gab keines mehr in meiner Größe. Da sagte der Verkäufer: „Ich gebe Ihnen das zwei Nummern größer. Und ein Paar Radsocken gratis dazu." Was meinen Sie, was ich tat? Natürlich nahm ich das Trikot und dazu die Socken. Die sind nun zwar nicht so gut, wie die, die ich schon habe. Gut, und das Trikot habe ich auch erst ein einziges Mal getragen. Es schlabbert reichlich an den Armen, und wenn der Wind von vorne weht, was er beim Radfahren erstaunlich oft tut, dann fühle ich mich wie eine Fahne am Hauptmast der Gorch Fock. Aber es war doch trotzdem ein tolles Angebot, oder? War es nicht. Es war nur umsonst.

Genau das ist oft ein Trick der Verkäufer: Sie geben uns etwas umsonst, und schon bezahlen wir viel zu viel – für etwas, das eigentlich gratis ist. Das klingt unlogisch, dahinter steckt aber ein einfacher Mechanismus: Wenn wir etwas umsonst kriegen, nehmen wir es mit. Dann denken wir nicht mehr groß nach. Warum auch? Wir müssen ja keine Abwägung mehr treffen, ob sich dieser Deal für uns wirklich lohnt. Wenn uns etwas geschenkt wird, können wir gar kein schlechtes Geschäft dabei machen. Genau das aber ist der Irrtum.

Testfrage: Haben Sie auf einer Messe oder Veranstaltung schon einmal einen Kugelschreiber mitgenommen, obwohl Sie schon Dutzende davon zuhause herumliegen haben? Ist es Ihnen schon mal passiert, dass Sie beim Metzger ein paar Gramm Wurst mehr gekauft haben, weil der ihnen eine Scheibe von dem „sooo leckeren" Schinken zum Probieren gegeben hat? Oder würden Sie das Angebot der Rasiererfirma Gillette annehmen – die schenkt Ihnen einen neuen Rasierer, wenn Sie dafür ihren alten, das veraltete Vorgängermodell, abgeben? Am Ende haben Sie auch schon einmal die Bank gewechselt, weil das Girokonto bei der Nachbarbank jetzt kostenlos ist? Dann hat der Gratisreiz in solchen Momenten auch ihr Hirn befallen und dabei höchstwahrscheinlich das Denken kurzfristig außer Kraft gesetzt. Aber machen Sie sich mal keine Gedanken, das passiert uns allen. Genau deswegen nutzen es die Händler ja so gerne aus.

Sobald es etwas gratis gibt, greifen wir zu – sogar zu Dingen, die wir sonst nicht nehmen würden. Jedenfalls nicht, wenn wir sie bezahlen müssten. In der Hinsicht hat uns Verhaltensökonom Dan Ariely, Professor an der Duke University, entlarvt: Wenn sie umsonst sind, essen wir sogar weitgehend geschmacksfreie Schokoküsschen, auch wenn wir die gar nicht wirklich mögen. Liegen sie umsonst aus, greifen 70 Prozent der Probanden zu. Dafür lassen sie die unvergleichlich viel besseren Lindt-Pralinés für nur 14 Cent glatt stehen. Sobald aber die Preise für beide Schokoladen auch nur um jeweils einen Cent angehoben werden, ergibt sich ein völlig anderes Bild: Kosten die Schokoküsse nun einen Cent, lassen die Probanden die Billigküsse links liegen und greifen stattdessen – wieder mit 70-prozentiger Mehrheit – lieber zur Lindt-Praline. Auch wenn die jetzt 15 Cent kostet, also immer noch um die gleichen 14 Cent teurer ist als die Schokoküsse, genau wie im ersten Versuch.

Das Ganze funktioniert so: Normalerweise sind beim Einkaufen zwei Areale in unserem Kopf aktiv. Zuerst dasjenige, das für die Belohnung zuständig ist. Knapp die Hälfte von uns – Kalauern zufolge eher die weibliche Hälfte – ahnt das zumindest, jedenfalls gibt jeder zweite Befragte in Umfragen zu: „Wenn ich mich für etwas belohnen will, kaufe ich mir etwas Schönes."[1] Ob das nun ausschließlich die weibliche Hälfte der Käufer ist, oder ob auch ein Teil der männlichen Shopper weiß, was im Hirn beim Einkaufen abläuft, darüber kann man streiten. Fakt ist jedenfalls: Nach dem Aktivieren des Belohnungsareals schaltet sich

---

1 Quelle: Outfit 6, Statista 2009, das Statistikportal.

das Areal für die Reue ein. Das befindet dann darüber, ob sich der Kauf wirklich gelohnt hat oder ob er vielleicht zu teuer war oder sogar vollends unnütz.

Aber: Ist etwas gratis, dann läuft alles anders. Dann nämlich schaltet sich unser Hirn schon nach dem Belohnungssignal ab. Das Kontrollareal kommt gar nicht erst zum Einsatz. Reuegedanken? Fehlanzeige. Wozu sollten wir die empfinden, wenn doch gar keine Kosten anfallen? Die möglichen negativen Folgen blenden wir also schlicht aus. Aber heißt das nun auch, dass es gar keine gibt? Glauben Sie doch bitte so was nicht!

Nun sind die negativen Folgen in der Regel nicht gerade groß. Im Fall von Arielys Schokoküsschen-Experiment gingen sie nicht über den Gedanken hinaus, dass die Schokoküsschen nicht gerade eine kulinarische Offenbarung waren, dass die Esser aber dafür in anderer Form länger etwas von ihnen hatten – als Hüftgold. Schon die Gillette-Rasiererkunden können sich aber bald nach dem Tausch ärgern: Dann nämlich, wenn sie neue Klingen für den neuen Rasierer kaufen müssen. Deren Preis zieht nämlich für jedes neue Modell scharf an. Bezahlen müssen sie ihn trotzdem, denn das Vorgängermodell haben sie ja abgegeben. Auch das kostenlose Girokonto ist im Prinzip eine gute Sache. Aber oft merken Wechsler gar nicht, dass die Bank das Geld zwar umsonst für sie verwahrt, dass aber dafür der Dispo-Zins fürs Überziehen des Kontos ziemlich hoch ist, die Kreditkarte zusätzlich 20 Euro kostet und für jede Abhebung an einem Fremdautomaten noch ein paar weitere Euro fällig sind.

Es gibt Dutzende solcher Gratisangebote, denen wir immer wieder auf den Leim gehen. Auch, weil wir sie uns selbst schönreden. Aber: „There ain't no such thing as a free lunch", sagen Ökonomen nicht ohne Grund. Es gibt eben nichts geschenkt. Gratisabonnements, die sich nach Ablauf der Zwei-Wochen-Frist automatisch verlängern, weil wir den Kündigungstermin verpasst haben und dann eben doch Geld kosten, sind eines der bekanntesten Beispiele. (Es gibt allerdings auch viele Zeitungsverlage, die Probe-Abos anbieten, die tatsächlich nach zwei Wochen automatisch ablaufen.[2]) Und Gratishandys, die wir nur scheinbar umsonst bekommen, in Wirklichkeit aber dadurch abzahlen, dass wir uns für zwei Jahre an eine Telefongesellschaft binden. Und viele Minuten zu ihren Gesprächstarifen telefonieren.

Es muss auch nicht einmal das Produkt selbst sein, das uns der Händler umsonst gibt. Manchmal ist es nur der kostenlose Lieferservice, und schon der wirkt Wunder. Lieblingsbeispiel aller Verhaltensökonomen ist der Online-Buchhändler Amazon: Der liefert die Bücher umsonst, wenn man für mindestens 20 Euro bestellt. Und ich möchte wetten, dass mindestens jeder Zweite von uns schon mal einen Minikalender, eine CD oder ein Taschenbuch zusätz-

---

2 Eine Auflistung dazu gibt es auf der Internetseite www.abo-direkt.de.

lich gekauft hat, nur um die Bestellsumme von 18,95 Euro
auf über 20 Euro zu heben und die Hürde für die Gratis-
lieferung zu überspringen. Ich oute mich freiwillig: Ich
habe es schon getan.

Amazon selbst hat letztlich den Beweis geliefert, dass das
System funktioniert: Denn nur die Franzosen spielten dieses Spiel zeitweise nicht mit. Grund war aber nur, dass
Amazon in Frankreich nicht komplett auf die Liefergebühr
verzichtete. Ab der 20-Euro-Bestellgrenze betrug sie noch
ein paar alberne Cent. Das aber reichte schon, um viele
Käufer davon abzuhalten, irgendwelche Zusatzbücher zu
kaufen. Viel öfter als anderswo lagen also in Frankreich die
Bestellsummen unter 20 Euro. So machte Amazon erheblich weniger Umsatz – und die Kunden sparten Geld, weil
sie wirklich nur das kauften, was sie auch wollten. Bis
Amazon auch in Frankreich die Gratiszustellung einführte.
Und seitdem ... genau, da boomt das Geschäft.

Zwischen einem Cent und gratis liegen also Welten. Zwischen geschenkt und gewollt aber auch. Ich habe mich zum
Beispiel anfangs darüber gefreut, dass bestimmte Läden
Bonusprogramme für Vielshopper einführten. So wie es sie
etwa bei den Fluggesellschaften schon lange gibt. Jahrelang
hatten mir Freunde stolz erzählt, wie sie mit ihren unend-
lichen Geschäftsreisen tausende Lufthansa-Bonusmeilen
gesammelt hatten, die sie dann irgendwann eintauschten,
um auch mal mit der Freundin ein Wochenende in Sevilla
zu verbringen. Nun gehöre ich nicht zur Gruppe der Viel-

flieger. Umso mehr freute mich, dass auch Supermärkte auf die Idee kamen, das System der Bonuspunkte einzuführen – und sogar die Bahn.

So fing ich an, Herzen zu sammeln. Die von Supermarkt-kassierern. Nicht, dass mein Männerverschleiß dabei sprunghaft stieg, aber mein Einkaufsverhalten änderte sich gewaltig. Jedes Mal, wenn ich fortan in meinem örtlichen Supermarkt einfiel und meine Einkäufe einpackte, schenk-te mir der Kassierer am Ende ein paar Herzen – als Klebe-marken für meine Bonuskarte. Die Prämie, die bei einer vollen Klebekarte winkte, fand ich verlockend: eine Brat-pfanne, Markenmodell. Und ich war fest entschlossen: Die wollte ich haben.

Was ich bis dahin nicht wusste: Dass das Herzensammeln nur bedingt mit meinen bisherigen Einkaufsgewohnheiten zusammenpasste. Bis dahin nämlich kaufte ich nicht regel-mäßig in den Supermärkten ein, in denen mir Verkäufer ihre Herzen schenkten. Sondern in denen, die überhaupt noch geöffnet hatten, wenn ich Feierabend hatte, oder an denen ich auf den unterschiedlichen Wegen durch die Stadt zufällig gerade vorbeikam. Außerdem kaufe ich als Groß-städter und Radfahrer in homöopathischen Dosen und in Singleportionen ein. Insofern war Herzensammeln bisher alles andere als meine konsumistische Kernkompetenz.

Die Bratpfannenaktion lief zwölf Wochen, ich brachte es auf 31 Herzen. Für die kleinste Pfanne hätte ich 150 gebraucht. Hat mal jemand ausgerechnet, wie viel Geld ein Alleinstehender ausgeben muss, um im Bonusprogramm eines Supermarktes eine Bratpfanne geschenkt zu bekommen? Pro Fünf-Euro-Einkauf gibt es ein Herz. Macht also 750 Euro für 150 Herzen. In drei Monaten. Dafür müsste ich 300 Packungen Spaghetti kaufen, 200 Tüten Milch, 100 Kilo Orangen und 200 Gläser Joghurt. Damit könnte ich eine sizilianische Großfamilie ernähren. Oder meinen halben Freundeskreis rundum verpflegen. Selbst später, als ich kurz vor den Feiertagen – Ostern, Weihnachten und Silvester – wieder in den Rausch des Herzensammelns einstieg, als ich große Feste plante, zwölfköpfige Tafelrunden verköstigen musste und statt Spaghetti und Spumante öfter mal Wildfisch und Winzersekt einkaufte, kam ich nie auf mehr als 70 Bonuspunkte.

Ich habe allerdings schon einige Leute tatsächlich vollgeklebte Punktekarten an der Kasse eintauschen sehen. Wie die das machen? Keine Ahnung. Entweder kaufen die ein, um zuhause eine Kompanie, ein Bundeswehrbataillon oder mindestens eine Hundertschaft Pensionsgäste zu füttern, oder aber sie gucken regelmäßig auf die Seite von Ebay. Da kann man Treuepunkte inzwischen sogar meistbietend ersteigern. Jedenfalls habe ich mir vorgenommen: Ich kaufe ein wie immer, gehe jetzt wieder in die schönsten und billigsten Supermärkte anstatt in die, die mir ihre Herzen schenken – spare dadurch wieder Geld und hole mir dann für 13,99 Euro die Bratpfanne beim Kaffeeröster. Ganz regulär.

Und obwohl ich daraus eigentlich hätte schlau werden müssen, meldete ich mich später für das Bonusprogramm der Deutschen Bahn an. Aber da habe ich eine echte Chance: Als Vielfahrer lasse ich monatlich viel Geld auf der Schiene und fand es nur fair, dass mir die Bahn versprach, dafür alle paar Monate ein Ticket umsonst auszustellen. Aber da wusste ich noch nicht, wie sie das meinte. Bis ich die erste Meldung per E-Mail bekam: „Herzlichen Glückwunsch! Sie haben genug Bonuspunkte gesammelt." Davon bekäme ich eine Freifahrt. Ich musste vorher nur einen Gutschein auf der Internetseite anfordern, er würde mir Tage später per Post an meine Wohnadresse geschickt und ich müsste ihn dann persönlich in einem Reisezentrum am Bahnhof einlösen, wenn es für die entsprechende Verbindung ein Kontingent gäbe. Schon das war eine echte Herausforderung für chronisch termingebundene Berufspendler und dynamische Vielfahrer: Wann habe ich vor einer Zugfahrt überhaupt mal am Bahnhof genug Zeit, um ihn im Reisezentrum einzulösen?

Irgendwann reihte ich mich in die Schlange der 30 Wartenden am Ticketschalter ein und legte meinen Gutschein vor. „Ein Ticket für den nächsten Zug, bitte", sagte ich. Die Frau am Schalter befragte den Computer und sagte: „Da werden Sie noch zweieinhalb Stunden warten müssen. Vorher gehen zwar drei Züge, aber für die gibt es kein Kontingent. Und die Rückfahrt, die Sie möchten, kann ich auch so nicht buchen." Ich habe verdrängt, was meine nächsten Worte waren. Aber ich erinnere mich, dass ich die

Bahn nur deshalb in halbwegs guter Erinnerung behielt,
weil mir die Dame am Schalter verriet, dass ich mir dafür
im Vielfahrer-Warteraum einen Kaffee und viele Zeitungen
holen könnte – und dass mir die einzig mögliche Rück-
fahrtverbindung zwar einen abgesprochenen Termin ver-
masselte, aber dafür eine unverhoffte Stunde mehr Schlaf
bescherte.

Danach fragte ich mich, was die Bahn mit ihrem Bonusprogramm bezweckt. Dass ihre Züge wieder leerer werden,
weil die Kunden wieder häufiger aufs Auto umsteigen, weil
sie da wenigstens volle Flexibilität genießen? Oder dass
Vielfahrer ihre Gutscheine häufiger für bahnfremde Leistungen einlösen? Die Prämie, die sie bekommen, können
sie auch in Rollkoffer eintauschen – sofern sie die als Viel-
reisende noch nicht haben – oder für Hotelgutscheine. Viel
wahrscheinlicher ist aber, dass die Vielfahrer regelmäßig in
den Erste-Klasse-Lounges die Kaffeemaschinen zum Qual-
men bringen oder die Gutscheine so lange im Bordbistro
einlösen, bis sie da aus Frust sämtliche Bier- und Baguette-
vorräte geleert haben. Ich gebe ja zu, ich sammle weiter
Zugkilometer, aber mittlerweile ist meine Begeisterung
fürs Streckensammeln und Bonusmarken-Kleben ziemlich
ins Stocken geraten.

Für was lohnt es sich überhaupt, gezielt zu shoppen und
Gratis- oder Bonusprogramme mitzumachen? Die ehrliche
Antwort ist: Es lohnt sich kaum. Denn wer Rabatte bar
auszahlt, der ködert Kunden. Das ist ein uralter Trick von

Autoverkäufern. Es gibt kaum einen anderen Berufsstand, der sich so darauf spezialisiert hat, Kunden, sagen wir mal „unterschwellig emotional" anzusprechen und vom Produkt zu überzeugen. Und das, obwohl sie auf eine Käuferschaft treffen, die sich zuvor über den Kauf informiert hat wie bei sonst keinem anderen Produkt im Leben, höchstens beim Hauskauf. Gerüchte sagen sogar, dass der Durchschnittsdeutsche im Lauf seines Lebens mehr Zeit für den Autokauf verwendet als für die Planung seiner Altersvorsorge. Trotzdem schaffen Autoverkäufer es meist, ihn doch noch von Dingen zu überzeugen, die er vorher nicht auf der Liste hatte. Genau deswegen können wir viel von ihnen lernen. Am besten nämlich, wie man ihnen möglichst nicht auf den Leim geht, weil man ihre Taktiken kennt. Zum Beispiel den Bar-Rabatt.

Natürlich könnten Autohändler einfach die Listenpreise ihrer Neuwagen heruntersetzen, um sie für Kunden verlockender zu machen. Nur funktioniert das nicht so gut, weil die Kunden dann den reduzierten Preis gar nicht wirklich als Händlerleistung würdigen. Besser funktioniert es so: Der Händler nimmt den Altwagen in Zahlung und setzt dafür freiwillig einen so hohen Rücknahmepreis an, wie ihn der Kunde kaum erzielt hätte, hätte er die Rostlaube privat verkauft. Diesen Restwert des Wagens rechnet er dann auf den Neuwagenpreis an – oder besser noch: Er zahlt ihn bar aus und gibt zusätzlich noch einen kleinen Rabatt. Schon denkt der Kunde: Donnerwetter, jetzt habe ich aber ein richtig gutes Geschäft gemacht.

Wer jemals daran gezweifelt hat, dass solche Tricks funktionieren, der muss sich nur eines anschauen: eine der cle-
versten Rabattaktionen, seit es den Autohandel gibt – die
Abwrackprämie. Die funktionierte nämlich nach genau
diesem Prinzip. Bei jedem Neuwagenkauf gab es für das
verschrottete Altauto mit mehr als neun Jahren auf dem
Buckel 2.500 Euro vom Staat bar auf die Hand. Woraufhin
die Kunden die Autohändler stürmten wie verrückt. Erheblich mehr als die anvisierten 600.000 Altautos landeten in
der Schrottpresse. Obwohl die Prämie oft erheblich weniger
war, als die allermeisten dieser Autos noch auf dem Privat-
markt wert gewesen wären. Und obwohl die Händler beim
Neuwagenkauf kaum größere Rabatte auf den Neuwagenpreis einräumten. Nicht nur die Händler reiben sich auf-
grund des Abwrackwahns die Augen und fühlten sich sogar
an die Zeiten der Wiedervereinigung erinnert, in denen
etliche der 18 Millionen DDR-Bürger die West-Autohäu-
ser stürmten, trabbi-geschädigt und neuwagenbedürftig.

Auch hier reizen die 2.500 Euro direkt das Gehirn, so
erklären Wirtschaftspsychologen und Neuroökonomen die
Abwrackprämie: Der ungeheuer große Rabatt kommt uns
vor wie ein Geschenk und wirkt auf das Gehirn ähnlich wie
Sex oder eine Prise Kokain. Das Gefühl, dass nicht alle
Kaufwilligen auch in den Genuss der Prämie kommen, weil
die Regierung ihren Abwrack-Fördertopf auf 1,5 Milliarden Euro gedeckelt hatte, tat ihr Übriges. Dieses Wind-
hundverfahren (wer mit seinem Antrag zuerst durchs Ziel
geht, bekommt auch als Erster Geld – den Letzten aber bei-

ßen die Hunde) sorgte also zusätzlich für eine künstliche Verknappung. Die erst trieb die Autokäufer in Scharen in die Autohäuser. Denn alles, was es nicht lange gibt, muss doch ein besonders günstiges Angebot sein.

Einer der ältesten Autoverkäufertricks ist übrigens die Gratisprobe. Sie bieten Kunden sehr schnell eine Probefahrt an. Es mag den ein oder anderen Käufer überraschen, wenn er schon nach dem ersten Vorführgespräch den Schlüssel in die Hand gedrückt bekommt mit den Worten: „Überzeugen Sie sich am besten selbst. Drehen Sie doch damit erst einmal eine Runde." Es hat aber wenig mit Generosität zu tun, wenn Autohändler einem das anbieten. Ebenso wenig mit grenzenlosem Vertrauen, und es heißt auch nicht: Dieser Mann muss ja wirklich wahnsinnig von diesem Automodell überzeugt sein, sonst würde er das nicht machen. Sondern es ist schlicht und einfach der Endowment-Effekt, den sie nutzen: der Besitztumseffekt. Demnach müssen sie es nur schaffen, dem Käufer für den Moment das Gefühl zu geben, das Auto gehöre ihm schon fast. Schon bauen die Kunden eine Beziehung zu dem Wagen auf. Sitzen sie erstmal drin, fühlen sie sich im Cockpit wohl; und starten sie damit an der Ampel vor allen anderen durch, dann identifizieren sie sich mit dem Auto. Alberne Gefühlsduselei? Ganz und gar nicht. Die Deutschen hängen an ihren Autos, waschen sie am liebsten wöchentlich, manche geben ihnen sogar Namen. Was also würde Kunde und Kaufobjekt schneller zusammenschweißen, als ein gemeinsames Erlebnis, eine kleine Spritztour?

Und während Kunden noch glauben, sie würden den
Autokauf ganz rational angehen und nach objektiven
Kriterien entscheiden, wissen Autohändler: Wer erst einmal im Wagen sitzt, den befällt viel eher das Gefühl: Den
gebe ich nicht mehr so leicht her. Der gehört jetzt mir.
Deswegen fahren Autokäufer so oft Probe. Und deswegen
verspricht sogar ein Möbelhaus wie Ikea beim Kauf einer
Matratze den ewig Zweifelnden: „3 Monate Testschlafen
– in deinem Bett – bei dir zuhause." Weil Ikea weiß: Ein
Matratzenkauf ist für viele Kunden eine ziemlich entscheidende Sache. Schließlich geht es dabei nicht um
einen gewöhnlichen Einrichtungsgegenstand, sondern es
geht um viel mehr. Um Lebenszufriedenheit, um guten
Schlaf. Und wie soll man innerhalb weniger Minuten in
einem vollbesetzten Möbelhaus entscheiden, ob man nun
auf der ausgewählten Matratze wirklich dauerhaft gut
schlafen kann?

Ikea weiß aber auch noch zwei andere Dinge: Wer erstens
das Gefühl hat, einen eventuellen Fehlkauf notfalls wieder
rückgängig machen zu können, der kauft auch viel schneller. Und zweitens: Wer einmal schläft, der tauscht auch
meist nicht mehr. Liegt die Matratze erstmal beim Kunden
daheim, dann wird der sich schon daran gewöhnen. Mal
ganz abgesehen davon, dass oft schon der Heimtransport
der Zwei-Meter-Riesen eine logistische Heldentat ist, die
man nicht unbedingt rückabwickeln muss, nur um sie
dann freiwillig noch ein zweites Mal zu vollbringen. Das
wahre Problem aber ist: Die Rückgabe wäre ein Verlust.

Und wer von uns verliert schon gern? Deshalb bleiben die allermeisten lieber bei der einmal gekauften Matratze.

Das hat auch rein gar nichts mit Skrupeln zu tun, sondern viel mit Gewohnheit. Auch wenn das ein wenig irrational ist, aber die Hürde, etwas wieder abzugeben, an das man sich bereits gewöhnt hat, ist für uns groß. Sehr groß. Deswegen scheuen wir diesen Schritt. Erst recht, wenn es um etwas so Persönliches geht wie um ein Bett. Deshalb: Seien Sie skeptisch, wenn Ihnen ein Verkäufer allzu schnell etwas zum Ausprobieren überlässt. Es könnte sein, dass Sie es aus Bequemlichkeit nicht wieder hergeben wollen. Auch wenn Sie nicht unbedingt ein gutes Geschäft damit machen.

Trotzdem – es gibt ein paar Gratisdreingaben, die Sie unbedingt nutzen sollten: Wenn Ihnen die Parfümerieangestellte noch eine Duftprobe einpackt und der Gemüsehändler partout noch eine Artischocke umsonst mit in die Tüte steckt zum Beispiel. Oder wenn die Apothekerin zum Grippemittel an der Kasse noch eine Päckchen Taschentücher spendiert. Wenn Sie dagegen nichts kaufen wollen, sondern erstmal ein Produkt, bei dem Sie länger bleiben wollen, testen möchten, dann könnten Sie sich im Internet nach Gratisproben umsehen.[3] Vor allem Kosmetik- und Hygienemittelhersteller versenden Proben von Duschgels, Shampoo, Cremes, Waschmittel oder Babywindeln erstmal

---

3 Zum Beispiel auf www.headandshoulders.de, www.calu.de, www.imlan.de, www.biomaris.de, www.dermatrend.de, www.dove.de, www.carefree.de, www.puma-duefte.de, www.woehrle-online.de.

umsonst. Haken an der Sache ist bloß: Natürlich wollen Sie dafür eine Gegenleistung, die für die Hersteller weit mehr wert ist, als die paar Milliliter Pflegelotion oder die drei Windeln, die sie versenden: Sie wollen Ihre Daten. Sie müssen sich nämlich mit Namen und Anschrift registrieren. Für die Möglichkeit, Sie als potentiellen Kunden wieder und wieder persönlich anschreiben und Ihnen Werbung schicken zu können, lassen die Firmen gerne mal eine Probe springen. Die Frage ist: Ist es Ihnen das wert?

Viel öfter sollten wir aber auch mal gezielt nach Gratiszugaben fragen. Wenn der Fahrradhändler zum Beispiel auf mehrmaliges Nachfragen versichert, dass er beim Preis absolut nichts mehr machen kann, dann macht er trotzdem oft eines: Er legt noch einen Ersatzschlauch, eine Werkzeugtasche oder eine Lampe kostenlos obendrauf. Und immer, wenn er das macht, bekommt er von mir eines gratis dazu – ein breites Lächeln. Das habe ich nämlich als neue Sparmaßnahme entdeckt, die man selber einsetzen kann: Wenn ich dem Verkäufer öfter mal ein Lächeln schenke, dann ist das für uns beide eine Win-Win-Situation. Er gewinnt einen schönen Tag und gute Laune und ich gewinne öfter mal eine Artischocke umsonst und bin am Ende noch besser drauf. Ein sich selbst verstärkender Prozess.

Tauschen statt kaufen – Vom Mieten, „Sharen"
und der Wiederentdeckung der Tauschringe

In meinem nächsten Leben werde ich Automechaniker. Das
habe ich mir ganz fest geschworen. Denn mein Auto ist
zwar noch nicht besonders alt, aber es ist eines von der
Sorte, die ziemlich oft kaputtgehen. Mindestens zweimal
im Jahr geht das so: Ich melde mein Auto zum halbjähr-
lichen Winterreifen-Umschrauben in der Werkstatt an und
liefere es ab. Kurz darauf meldet sich der Werkstattmeister
und sagt: Er habe da auch noch entdeckt, dass die Brems-
scheiben schon ziemlich kaputt seien. Die hielten nicht
mehr lang. Er würde dann auch gleich den Motor der
Wischanlage austauschen, der sei hinüber. Und ob ich
schon bemerkt hätte, dass der Gurtstraffer nicht mehr richtig ziehen würde? Ob er das gleich mit reparieren solle?
Natürlich soll er, wenn meinem Auto wirklich etwas fehlt.
Ich selber kann das ja kaum reparieren.

Wenn ich zusammenrechnete, was mich dieses Auto allein
in den vergangenen fünf Jahren an Reparaturen gekostet
hat, es triebe mir die Tränen in die Augen. Zumindest ergä-
be das Geld, das ich in meinen Erstwagen versenkt habe,
langsam einen respektablen Zweitwagen, da bin ich mir
sicher. Aber ich besitze nun mal dieses Auto und ich benutze es ja auch regelmäßig. Ich habe mal ein Dreivierteljahr
ohne Auto gelebt, als mein alter Wagen den Geist aufgab.
Es brachte mich beruflich wie privat in ein paar schwierige
Situationen, in denen ich lauthals fluchte. Deshalb hatte

ich mir ein neues Auto gekauft. Das war gut so, und deshalb ärgere ich mich jetzt auch nicht mehr über das viele
Geld. Es musste doch sein. Oder?

Tatsächlich bin ich damit bereits wieder in eine Falle
getappt: Bei mir greift der Effekt, den Verhaltensökonomen den „Entwertungseffekt" nennen: Ich habe das Geld
für mein Auto ja schon ausgegeben und geistig abgebucht:
den Kaufpreis und die Versicherungssumme an jedem Jahresanfang. Das Geld ist weg. Deshalb habe ich jetzt auch
kein schlechtes Gefühl mehr, mein Auto einfach zu benutzen und den Vorschuss abzufahren – und ab und zu muss
ich eben ein paar ganz notwendige Reparaturen vorneh-
men, das gehört dazu. Diese Gedankenkette ist ganz normal, erklären Verhaltensökonomen: Wenn wir einmal die
Kosten für eine Investition getragen haben und sie damit
als unumkehrbar empfinden, dann verstummt das schlechte Gewissen mit jedem Tag ein bisschen mehr. Auch Fol-
gekosten dieser Investition nehmen wir dann hin. Wir neigen einfach dazu, die Aktivitäten, die mit dieser Anschaffung in Verbindung stehen, einfach fortzusetzen. Nur
manchmal bekommt das Gewissen bei mir die Oberhand,
weil es mich erinnert: Gut, du hast dieses Auto gekauft,
aber unumkehrbar ist das beileibe nicht. Du kannst es auch
wieder abstoßen, wenn es nicht taugt.

Deshalb befinde ich mich gerade in einem „Ein-Jahres-
Testzeitraum": Ein Freund von mir kam vergangenes Jahr
ins Grübeln. Er besaß ein Auto, stellte aber fest, dass er es

als Stadtbewohner mit U-Bahn-Jahreskarte gar nicht wirklich nutzte. Außer für einen Sonntagsausflug vielleicht. Aber dafür, so fand er, könne er sich ja auch mal ein Auto mieten. Also verkaufte er schweren Herzens seinen Wagen. Und mietete. Bisher ist seine finanzielle Bilanz positiv: Er spart Steuern, Versicherung (rund 400 Euro im Jahr bei einem Kleinwagen) und Reparaturen. Benzin nicht, das muss er ja beim Mietwagen ebenfalls bezahlen. Nach seiner Rechnung könnte er sich jeden Monat mindestens ein Wochenende lang einen Mietwagen gönnen, damit die Bilanz immer noch zu seinen Gunsten ausfiele.

Das hat einen Nebeneffekt: Er plant seine Wochenenden jetzt viel stärker. Ein spontanes: Lass uns heute mal in die Berge oder an den See fahren, ist zwar noch möglich, aber viel komplizierter. Aber mein Freund hat auch Glück: Er braucht kein Auto, um damit berufliche Termine wahrzunehmen, und muss deshalb keine festen Zeiten und Termine einhalten. Wäre das so, da ist er sicher, dann wäre mindestens einmal entweder auf der Homepage oder an der Hotline der Wagenvermieter oder am Abhol- und Rückgabeschalter selbst sein extrem strapazierfähiger Geduldsfaden gerissen. Bisher funktioniert sein Experiment gut. Ich habe versprochen: Ich gucke es mir ein Jahr lang an, rechne in diesem Jahr meine Autokosten zusammen – und entscheide dann.

Eines habe ich aber nachgeschlagen: Was mein Automechaniker an Stundenlohn bekommt. Nur schon mal für den Fall, dass ich bald umschule … Die Rechnung veranschlagte für eine seiner Arbeitsstunden knapp 80 Euro. Schon dabei rang ich nach Luft. Natürlich bleibt davon ein Großteil bei der Vertragswerkstatt hängen und nicht beim Mechaniker. Aber selbst wenn er auch nur die Hälfte davon bekäme – er verdiente mehr als ich. Das heißt im Umkehrschluss: Eigentlich kann ich mir diesen Mann gar nicht leisten. Schon gar nicht mehrmals im Jahr. Ebenso wenig wie einen handelsüblichen deutschen Elektriker mit seinen rund 50 Euro Stundensatz oder einen Heizungsbauer, so oft wie die in letzter Zeit bei mir vorbeikommen. Gut, nun beschäftigt niemand solche Handwerker rund um die Uhr. Aber trotzdem fragt man sich manchmal: Müssen Handwerker so teuer sein? Und würden wir sie uns vielleicht viel öfter leisten, wenn das anders wäre? Das brachte mich auf eine Idee.

Ich schloss mich einem Tauschring an. „Das Gute an Tauschringen ist, dass man sich bei uns leisten kann, was man sich sonst nicht leisten könnte", sagte die Vorsitzende des Vereins. Sie macht das seit Jahren: Auf einer gemeinsamen Plattform im Internet veröffentlichen die Mitglieder des Rings, welche Dienstleistungen sie anzubieten haben. Und was sie stattdessen suchen. Das System funktioniert ganz ohne Geld und ist ein indirekter Tauschhandel. Das heißt, dass jemand wie ich, der beispielsweise einen Elektriker für seine Küche sucht oder einen Mechaniker fürs Auto – und dafür selber Hausaufgabenhilfe für Kinder anbieten würde oder Gartenarbeit für Senioren – nicht warten muss, bis sich ein Elektriker meldet, der zufällig Familienvater ist und ein Kind mit Rechenschwäche zuhause sitzen hat, oder bis ein pensionierter Automechaniker aus der Vorstadt mit Garten bei ihm anruft. Sondern es bedeutet: Irgendein Elektriker repariert meine Küche. Ich gehe dafür bei Vorstadtsenioren Unkraut jäten. Die wiederum passen auf die Kinder des Automechanikers auf. Und wenn der dann irgendwann Zeit hat und jemand anders inzwischen meine Hilfe gebraucht hat, kann ich von ihm danach mein Auto reparieren lassen.

Früher nannte man das Nachbarschaftshilfe. Und auf dem Land funktioniert es oft noch ganz gut. Aber in den Großstädten und Mietshäusern, wo viele oft nicht mal wissen, wie ihre Nachbarn von gegenüber heißen, geschweige denn, was sie beruflich machen und wo ihre handwerklichen Stärken liegen, braucht es eben Hilfsmittel wie das Internet, um solche Helferkreise aufzubauen. Im Prinzip ist das Kreislaufwirtschaft in Reinform. Und immer, wenn Volkswirtschaften größere Schwierigkeiten hatten, wurde es auch so praktiziert. In der letzten Weltwirtschaftskrise zum Beispiel, als die Märkte und Handelsströme rund um die Welt zusammenbrachen, da besannen sich die Menschen wieder, was sie alles schaffen könnten, wenn sie einander helfen würden. Oder was sie alles tauschen könnten,

weil sie manche Dinge entbehren konnten, andere aber viel
nötiger brauchten.

Die geldlose Kreislaufwirtschaft ist aber nur dann eine
Idee, wenn sich in einer größeren Stadt eine kritische Masse
von Menschen daran beteiligt. Und so lange das Tauschsystem
gut ausgetüftelt ist, die Grundfrage dabei ist nämlich:
Wie wird gerecht entlohnt? Eine gängige Regelung ist das
Stundenprinzip: Wer eine Stunde Arbeit für den anderen
opfert, bekommt dafür auch eine Arbeitsstunde von jemand
anderem geschenkt. Ganz gleich, welche Arbeit er verrichtet
hat. Das finden aber manchmal diejenigen ungerecht,
die als Elektriker oder Baumfäller durch die Region ziehen
und dabei schwere oder gefährliche Arbeit verrichten, während
andere ihre Arbeitsstunde ableisten, indem sie jemandem
Marmelade einkochen oder eine Einkaufsbesorgung
machen. In der Summe müssten sich aber die angebotenen
und nachgefragten Dienste trotzdem ausgleichen, müsste
man annehmen. Und auch die Elektriker müssten auf der
Plattform regelmäßig Dienstleistungen von anderen entdecken,
die für sie interessant wären.

In Wirklichkeit brauchen aber viel weniger Menschen dringend
einen Kuchenbäcker oder Marmeladeneinkocher,
dafür viel nötiger einen Klempner, Schreiner oder Elektriker.
Angebot und Nachfrage passen nicht wirklich zusammen.
Deswegen können in der Geldwirtschaft die Elektriker
auch einen erheblich höheren Stundenlohn verlangen
als die Kuchenbäcker. Ein anderes Phänomen ist, dass es

auch in solchen Zirkeln – wie in allen sozialen Gruppen – immer die besonders Aktiven gibt und diejenigen, die zwar viele Dienste nachfragen, aber kaum eigene Hilfe anbieten. Wie aber fordert man von denen die Ausgleichsarbeit ein, man kann sie ja nicht zwangsverpflichten? Deshalb geraten manche Tauschringe nach einer Weile in die Schieflage. Eine andere Möglichkeit ist daher, dass sich die Mitglieder darauf einigen, die Leistungen nicht pauschal nach Stunden zu „entlohnen" – also den Dienstleistern Punkte gutzuschreiben – sondern nach Aufwand. Dann kommen sie dem gewöhnlichen Geldsystem allerdings immer näher.

Zumindest zwei große Vorteile aber haben die Kreisläufe: Viele Mitglieder sagen, dass das Tauschen sie zufriedener macht, weil die plötzlich anderen Menschen mit ihrer Arbeit helfen können – und tatsächlich haben Verhaltensforscher herausgefunden: Wenn jemand einem anderen hilft und dafür mit einem Lächeln oder einer kleinen Aufmerksamkeit belohnt wird, wobei das Wort Geld ausdrücklich nicht fällt, dann lässt ihn das zufriedener und motivierter zurück, als hätte er einen Geldbetrag bekommen. Offenbar löst also Dankbarkeit im menschlichen Hirn generell größere Glücksmomente aus, als der Empfang von Entlohnung. Das heißt natürlich nicht, dass wir alle viel zufriedenere Menschen wären, wenn wir unsere Arbeit nur umsonst anbieten würden. Aber es belegt auf originelle Weise, dass sich Konzepte wie das von der Nachbarschaftshilfe auch in unseren Zeiten noch lohnen. Oder gerade jetzt. Außerdem haben solche Helferkreise noch einen Vorteil: Dabei kön-

nen selbst diejenigen mitmachen, die nur wenig Geld
haben, weil der offizielle Arbeitsmarkt ihre Fähigkeiten
gerade nicht sonderlich braucht. Das ist eine Rettung selbst
für Akademiker der abgedrehtesten Studienrichtungen,
zumindest sofern sie eine handwerkliche Begabung haben.

Im Kleinen nutzen wir solche Tauschringe ja auch heute
noch manchmal. Ich weiß zwar nicht, ob es sich die Erfin-
der der Kreislaufwirtschaft wirklich so vorgestellt hatten,
aber bei mir und meinen Freunden lief das so:

Wir haben mal mehr oder weniger aus Versehen einen
Wirtschaftskreislauf für Haushaltsgeräte entwickelt. Die
kauften wir nicht mehr – wir tauschten sie: Es fing bei meinem ersten Umzug an. Ich zog aus einer großen Stadt und
einer großen Wohnung in eine etwas kleinere, aber auch
sehr viel teurere Stadt. Danach hatte ich eine kleine Wohnung und keinen Platz mehr für mein größtes Besitztum:
meine Waschmaschine. Toplader in Topkondition, erst
zwei Jahre alt. Wegwerfen wollte ich sie nicht. Verschenken oder für alberne 50 Euro verkaufen auch nicht. Wie es
das Schicksal aber wollte, zog fast zeitgleich meine Freundin um. Sie vergrößerte sich und hatte zum ersten Mal eine
Wohnung mit Wannenbad und – Waschmaschinenan-
schluss. Sie nahm mir das Topstück dankbar ab. Dafür
überließ sie mir für meine Küche ohne Küchenzeile ihren
Herd. Das funktionierte ganz wunderbar, bis ich wieder in
eine größere Wohnung zog und eine Waschmaschine
brauchte. Ich wälzte schon mal die Kataloge vom Elektro-

markt, da rief mich eine zweite Freundin an: Sie ziehe mit ihrem Freund zusammen, Drei-Zimmer-Wohnung, alles prima. Nun hätten sie nicht nur bereits alle Haushaltsgeräte, die sie bräuchten, sondern dank der Hausstandszusammenlegung sogar alles doppelt. Ob mir nicht jemand einfiele, der gerade eine Waschmaschine ...? So kam ich dann zu ihrem Frontlader. Und dreimal dürfen Sie raten, was demnächst passiert?

Richtig: Freundin Nummer eins zieht jetzt in eine Eigentumswohnung und bezahlt dafür verdammt viel Geld. Weil ihr neues Bad viel größer ist als das alte, möchte sie sich eine Frontlader-Waschmaschine kaufen. Ich dagegen wechsle auch noch mal meine vier Wände und hätte gern wieder meinen alten Toplader zurück. Also rotieren unsere Maschinen noch mal. Damit schließt sich der Kreis. Und wir sind längst keine Einzelfälle: Meine Bekannten schieben sich gegenseitig Spülmaschinen in Single- und Familiengrößen zu – je nachdem, welche Art von menschlicher Verbindung bei ihnen gerade aktuell ist. Andere tauschen Fernseher, weil die einen ihn aus Medienfrust abschaffen, während die anderen feststellen, dass sie ohne Glotze doch nicht leben können. Es gibt sogar welche, die lassen Möbel rotieren, wenn der eine seinen Zwei-Meter-Küchentisch in der neuen Wohnung nicht mehr unterbringt und der andere dafür ein Schlafsofa oder eine Vitrine zu viel hat. Ich habe das Gefühl, bei allen geht alles im Kreis herum.

Für die Waschmaschinen- und Möbelhersteller muss das allerdings ein Schleudertrauma sein. Früher landeten solche Geräte entweder für ein paar Euro in den Kleinanzeigenblättern oder doch auf dem Wertstoffhof. Später dann bei Ebay. Wo ein Spender aber auch meist froh sein kann, wenn sich für 30 Euro ein Selbstabholer findet. Wer umzog, kaufte im Zweifel lieber neu. Aber vielleicht denken wir ja demnächst um? Und was spricht dagegen, ein funktionierendes Gerät lieber an jemanden weiterzugeben, der seinen Wert zu schätzen weiß – und dafür etwas anderes abzugeben hat, das dem Empfänger wiederum mehr hilft als die eher symbolischen 30 Euro?

Ganz oft haben wir ja auch andere Sachen zu bieten, die woanders dringend gebraucht würden: Meine Freundinnen zum Beispiel lesen alle mindestens so gern wie ich. Aber keine von uns findet es sinnvoll, sich fünf oder sechs Zeitschriftenabonnements nach Hause liefern zu lassen, die alle jeweils 60 bis 180 Euro pro Jahr kosten. Also teilen wir uns Zeitschriften. Wir haben sozusagen unseren ganz persönlichen Lesezirkel gegründet. Unsere Ersparnis: Jede von uns zahlt rund 400 Euro weniger im Jahr, ist dafür aber trotzdem voll informiert. Und es macht sogar Spaß, sich regelmäßig auf einen Kaffee oder einen Wein zu treffen, dabei die Magazine zu tauschen und darüber zu diskutieren, welchen der Artikel die anderen unbedingt lesen müssen.

Und mal ehrlich: Jeder von uns hat auch ein paar teure große Geräte im Haus, die wir nur selten nutzen. Könnte man die nicht auch weitergeben und verleihen? Kann man, und zwar inzwischen auf mehr Arten, als man denkt. Zumindest in einer Form ist das Prinzip schon lange bekannt: als Carsharing. Es funktioniert, weil sich viele Fahrer wenige Wagen teilen, weil jeder von ihnen ein Auto nur sehr sporadisch nutzt und meist nur für kurze Zeit. Und weil alle finden: Dafür extra ein teures Auto kaufen, es versichern, pflegen und das ganze Jahr lang in Schuss halten, nur weil man es ab und zu mal braucht – lohnt sich nicht. Genau dann aber lohnt sich das Teilen am meisten: Wenn man nur für ein paar Stunden und für kurze Strecken ein Auto braucht. Für die kurze Fahrt in die Stadt. Für den Großeinkauf im Industriepark. Für den Besuch bei den beiden Freunden, die gerade ins Reihenhäuschen im Vorort gezogen sind, wo die S-Bahn schon ab zehn Uhr abends den Verkehr wieder einstellt.

Wer dagegen eher einen vollen Tag unterwegs sein möchte, zum Sonntagsausflug oder zur Geschäftsreise, für den ist der klassische Mietwagen oft billiger. Auch für Berufspendler gilt: Teilen ist eher nicht die Lösung. Denn vor dem Arbeitsort stünde das Auto dann entweder viele Stunden nutzlos herum – und kostet den Fahrer dadurch trotzdem Geld. Oder aber jemand anders könnte sich das Auto in der Zwischenzeit ausleihen – müsste es dann aber exakt zur richtigen Zeit an derselben Stelle wieder abstellen. In solchen Momenten stelle ich mir vor, wie ich mich fühlen würde, wenn ich nach einem Arbeitstag im Büro abends heimfahren oder ins Wochenende verschwinden möchte – aber das Auto ist noch mit meinem Vorgänger unterwegs. Der hat sich nämlich verbummelt und kommt leider etwas später, teilt mir die Carsharing-Zentrale mit. Das wird er zwar meistens zu vermeiden versuchen, weil er dafür schließlich Strafe zahlen muss. Passiert es ihm aber trotzdem, hilft es zumindest mir nicht. Ich warte. Oder, wenn das Auto schon wieder irgendwo in meinem Büroviertel angekommen ist, drehe ich erst einmal ein paar Stunden um den Block, um zu suchen, wo mein Vorgänger es abgestellt hat. Am nächsten Morgen mache ich das dann übrigens schon wieder, weil ich mit dem geteilten Auto zwar nach Hause fahre, es aber danach noch bei jemand anderem übernachtet und ich es deshalb morgens erst einmal ein paar Straßenzüge weiter wieder einsammeln muss. Handys, Kurzmitteilungen und moderne Ortungstechnik helfen zwar schon enorm, sie können das Suchen und Bescheidsagen einfacher machen. Aber mit so einer Dauerlösung würde der Fahrer vielleicht Geld sparen, nicht aber Zeit und Nerven. Bürofahrer sollten in solchen Fällen vielleicht doch besser ganz umsteigen – aufs Rad oder die Bahn.

Am besten also funktioniert das Teilen und Fahren dagegen, so hat eine Studie des Freiburger Öko-Instituts[4] erge-

---

4   Car-Sharing: umweltfreundlich mobil zum fairen Preis, Öko-Institut e.V., Geschäftsstelle Freiburg, April 2008.

ben, wenn der Fahrer weniger als 10.000 Kilometer pro Jahr fährt und den Wagen nicht täglich braucht. Etwa weil er gelegentlich mal Freunde am Rande der Stadt besucht, mal einen Möbelkauf organisieren muss, übers Wochenende in die Kurzferien in deutsche Großstädte fährt oder regelmäßig ein paar Paletten Milch im Supermarkt mitnimmt. Aber dann bitte nicht gerade samstags, sonst ist nämlich die Gefahr, dass alle das eine Auto zur gleichen Zeit leihen wollen, ziemlich groß. Denn auf 120.000 Deutsche kommen derzeit 3.500 Autos, in 270 größeren Städten. Das klingt zwar alles noch eher danach, als ob das Carsharing vielleicht nur wenige anginge und längst nicht für alle von uns taugen würde. Aber: Insgesamt dürfte es sich für erheblich mehr von uns lohnen, als wir denken. Das ist jedenfalls das Fazit einer Studie vom Öko-Institut in Freiburg: Rund zwei Millionen Deutsche kämen demnach mit Carsharing besser und billiger über die Runden als mit dem eigenen Auto oder dem gelegentlichen Mietwagen.

Und warum macht es dann nicht einmal jeder Zehnte von denen? Diejenigen jedenfalls, die es schon praktizieren, wissen längst, dass sie sich trotz der Quote von 34:1 keine großen Sorgen machen müssen, im Ernstfall kein Auto zu bekommen. Das bestätigen übrigens auch Untersuchungen von Stiftung Warentest: Fast immer bekamen die Carsharing-Nutzer zum Wunschzeitpunkt auch den Schlüssel für ihr Wunschauto in die Hand gedrückt. Und wenn sie einstiegen, dann haben die zumindest mir einiges voraus: Sie müssen keine hohen dreistelligen Versicherungssummen

zahlen, keine Fahrzeugsteuer, brauchen keine Anwohner-
parkausweise mehr, müssen nie mehr Samstage opfern, um
den Wagen mal wieder zu waschen oder zu staubsaugen.
Und: Sie müssen wegen keiner einzigen Reparatur zu ihrer
Werkstatt tingeln und sich anschießend fragen: Hätte ich
vielleicht doch Automechaniker werden sollen, damit es
endlich mit dem Geldverdienen klappt? Harry, fahr schon
mal den Sharingwagen vor!

Wir sind keine Jäger, sondern Sammler – und horten totes Kapital

Nun haben einige Verhaltensökonomen schon festgestellt,
dass wir unseren Besitz überbewerten. Dass wir ungern
wieder hergeben, was uns einmal gehört. Auch, wenn es
uns in unserem Alleinbesitz nur selten wirklich nützt. Wir
sind Sammler. Jedenfalls die meisten von uns. Ich würde
zweifelsfrei bekennen: Ich bin einer und habe mit der Zeit
schon so vieles gehortet, von dem ich mittlerweile gar nicht
mehr weiß, wozu ich es mal gebraucht habe. Solche Sachen
wandern dann erstmal in meinen Keller und warten dort
darauf, dass es mir wieder einfällt. Zum Beispiel die Jog-
hurtmaschine. Die fand ich irgendwann früher mal praktisch, bis ich feststellte, dass sie schneller Joghurt produ-
ziert, als ich ihn überhaupt essen kann. Oder der elektrische
Tischgrill, den ich mal geschenkt bekam, für den Fall, dass
ich mal alle meine Freunde am Tisch versammeln und mit
ihnen grillen wollte – aber zufällig gerade Winter wäre.

Wenn das mal passiert, dann benutze ich ihn auch, ehrlich. Bis dahin steht er erstmal im Keller, neben der Bierzeltgarnitur, die ich im letzten Jahr für eine Außengrillparty zu meinem Geburtstag kaufte.

Das Einzige, was mich beruhigt: Anderen geht es genauso. Die horten Kreissägen, um das Feuerholz für den Kamin zu zerkleinern, obwohl sie schon seit Jahren gar keinen Kamin mehr haben. Aber irgendwann kaufen sie sich vielleicht mal wieder einen. Weil der Strom doch immer teurer wird. Oder meine Freundin, die hat zwar eine Spülmaschine, aber keinen Anschluss dafür. Aber wenn sie mal wieder umzieht und die Küche ihrer nächsten Wohnung größer ist ... ja, dann ... ganz bestimmt. Wieder andere kaufen sich Dinge, die sie zwar wirklich benutzen, aber höchstens einmal im Jahr. Die Anhänger der Haus- & Gartenfraktion sind da mein Lieblingsbeispiel: Sie besitzen Vertikutierer, mit denen sie jedes Frühjahr einmal ihren Rasen belüften. Oder Hochdruckreiniger, mit denen sie zum Frühjahrsputz ihr Garagendach abkärchern. Ich kenne auch Menschen, die mal einen Wasserschaden zu beklagen hatten und seitdem einen elektrischen Bautrockner auf dem Dachboden aufbewahren. Es könnte ja schließlich mal sein ... Etwas anders ist dagegen sicher: All diesen Anhängern des Besitztumsdenkens kann geholfen werden.

Ich sage ja gar nicht, dass sie sich von diesen Dingen trennen sollen. Manchmal ist es ja durchaus beruhigend zu wissen: Man hat notfalls solches Werkzeug zur Hand. Und kann sich

damit selber helfen. Aber es gibt noch eine zweite Möglichkeit: Warum vermieten wir diese Dinge nicht einfach? Und
lassen sie lieber das tun, wozu sie eigentlich da sind: arbeiten.
Und zwar für uns und für andere. Es gibt nämlich Mietplattformen, auf denen Privatleute solche Geräte zum Gebrauch
anbieten können – und von den Mietern einfach eine Aus-
leihgebühr dafür verlangen. Kommt einem das nicht irgendwie bekannt vor? Kommt es. Nach diesem Prinzip funktioniert schon seit Jahrzehnten die Landwirtschaft.

Mehr noch: Ohne dieses Prinzip existierte sie vielleicht
längst nicht mehr. Wer sich mal angesehen hat, wie viel ein
handelsüblicher Mähdrescher, eine Kartoffellegemaschine
oder eine ordinäre Rübenreinigungsmaschine kosten, dem
schwant, dass Bauer schon längst kein Arme-Leute-Beruf
mehr ist. Und wer wiederum zusammenzählt, wie viele
Tage pro Jahr so eine Durchschnittsrübenreinigungsma-
schine auch wirklich Rüben reinigt, der sieht das Problem.

Würde ein einzelner Bauer also aus den reinen Nutzungs-
zeiten seines Mähdreschers eine Art Gerätestundenlohn
errechnen, sähe das so aus: Bei einem Anschaffungspreis
von 200.000 Euro und 20 Erntetagen pro Jahr käme er auf
10.000 Euro Tageslohn beim einjährigen Gebrauch. Unter-
stellt man, dass ein Mähdrescher 20 Jahre hält, sind es „nur
noch" 500 Euro pro Tag. Damit käme der Landwirt nicht
nur mühelos auf Summen, die jeden Automechaniker um
ein Vielfaches übertreffen. Sondern es käme am Ende auch
heraus, dass ein gekaufter Mähdrescher erst nach ungefähr

100 Jahren irgendwie Gewinn abwerfen würde. Wenn er denn überhaupt so lange halten würde. Cleverer sind also die Bauern, die ihr Geld entweder zusammenlegen, um sich gemeinsam solche Großgeräte zu kaufen. Oder die ihre Dresch- und Reinigungsmaschinen weitervermieten, wenn sie ihre eigenen Felder abgeerntet haben. Was also spricht dagegen, dass auch wir uns ein paar Tage im Jahr von unserem Hochdruckreiniger oder unserem Vertikutierer trennen, wenn wir ihn gerade nicht brauchen?

Oder wie viele solcher Geräte wollen Sie sich wirklich für mehrere hundert Euro kaufen, nur um damit einmal im Jahr über den Rasen zu fahren? Manche Ökonomen wollen ja bereits als Trend ausgemacht haben, dass wir Produkte gar nicht mehr wirklich besitzen müssen. Wir wollen sie nur benutzen. Gern auch schon früher als andere, um technische Überlegenheit zu unterstreichen. Ein paar meiner Freunde haben daraus einen regelrechten Sport gemacht: Wer zuerst das neue iPhone herumzeigen kann, hat die Hinrunde gewonnen. Sieger ist aber erst, wer es in der Rückrunde als Erster wieder verkauft hat – und dadurch bereit ist, sich das demnächst auftauchende Upgrade-Modell als Erster zu holen. Das muss ja irgendwann auf den Markt kommen, oder nicht?

Keine Frage, es ist auch ziemlich cool, wenn man seine Freunde einmal im Jahr zur großen Urlaubsfotoshow einladen kann, um dann lässig die Bilder mit dem Beamer an die Wand zu werfen. Aber dafür muss man nicht zwingend

selber einen Beamer kaufen. Man kann ihn auch ab 18 Euro
pro Tag auf einer Mietplattform[5] mieten. Sogar bei jemandem, der in der direkten Nachbarschaft wohnt. Wer also
nicht mehr als drei oder vier Diaabende pro Jahr veranstal-
tet, wäre damit bestens bedient. Wer sich so ein Gerät aber
zugelegt hat, weil er es regelmäßig nutzt, zum Beispiel als
Heimkino, oder weil er zumindest dachte, er würde es
regelmäßig nutzen, dann aber feststellt, dass er es gar nicht
oft braucht, der kann ihn auf solchen Plattformen einstel-
len und für den Verleih kassieren. Für entsprechend gute
Geräte kann man auch schon mal 50 Euro Tagesleihgebühr
verlangen, für High-End-Geräte sogar dreistellige Summen. Und es macht ja Spaß, mit dem Wohnmobil zwei
Wochen nach Südfrankreich zu fahren. Ich kann auch verstehen, dass es schöner ist, wenn man ein eigenes besitzt.
Dumm nur, dass kaum ein Angestellter mehr als 30 Tage
Urlaub im Jahr bekommt und das Zweitheim deshalb 330
Tage im Jahr in der Garage herumsteht. Also: Lassen Sie es
lieber in der Zeit arbeiten, dann fährt es wenigstens einen
Teil der Anschaffungssumme in der Zeit wieder für sie her-
ein. Im Schnitt rund 80 Euro pro Tag, macht bei drei
Wochen Verleih pro Jahr immerhin 2.400 Euro zusätzlich
für die Haushaltskasse – oder eine Wartung mit Reparatur
gratis.

Ich gebe zu, die folgende Idee ist gewöhnungsbedürftig,
aber ein paar Bekannte von mir haben auch schon mal die

---

5 Eine der größten Mietplattformen im Internet ist derzeit www.erento.de.

mutigste Form des Verleihens ausprobiert: Sie verleihen ihre Wohnung, wenn sie im Urlaub sind. Das hat nichts mit dem Prinzip der geteilten Ferienimmobilien zu tun, die jahrelang ein Trend war. Dabei nämlich stellten viele Investoren schnell fest, dass es doch nicht so praktisch ist, sich mit fünf Familien gemeinsam ein Häuschen in Spanien zu teilen, wenn sich dann regelmäßig alle fünf Familien gleichzeitig um die Termine in den Oster-, Herbst- oder Weihnachtsferien prügeln, um sich dort einzuquartieren. Nein, der Wohnungstausch beruht auf dem Prinzip der Gegenseitigkeit und der Gleichzeitigkeit und ist deshalb eine ganz clevere Idee für Leute, die billig Urlaub machen und sich dabei wie zuhause fühlen wollen.

Meine Freundin zum Beispiel wollte mit ihrem Mann im Mai Urlaub in Südfrankreich machen und annoncierte dafür ihre eigene Wohnung auf einer Internetplattform.[6] Meist ist dafür eine Anmeldung notwendig, bei der man Fotos der eigenen Wohnung auf die Plattform stellt und zusätzlich persönliche Daten. Einige Plattformen wie Homelink erheben einen Jahresbeitrag von 140 Euro dafür, dass sie die Urlauber zusammenbringen. Meist lernen sich beide Parteien auch kennen, während sie den Tausch absprechen, sie wissen um den Beruf des anderen, erfahren Details und können sich ein Bild davon machen, wer später in ihrer Wohnung wohnt.

---

6   Zum Beispiel: www.homelink.de, www.haustausch.de, www.tauschhaus.org.

Meine Freundin bekam Antwort von einem Ehepaar, die sich zur gleichen Zeit in München einquartieren wollte. Sie mailten und telefonierten ein paar Mal, waren sich sympathisch und tauschten ihre Wohnungsschlüssel aus. Schon am Anreisetag rief meine Freundin wie euphorisiert an: Sie habe für zwei Wochen ein altes Landhaus mit vier Schlafzimmern und Pool gewonnen. Ihre Tauschpartner dafür eine sehr gemütliche, aber ganz normale 90-Quadratmeter-Wohnung in einem Altbauviertel unweit der Innenstadt. Beide Parteien genossen ihren Urlaub und waren zufrieden. Meine Freundin schwelgte im Luxus, wie sie fand, und die Franzosen wollten genau so, nämlich einfach mal „ganz normal" Urlaub machen, haben sie gesagt. Natürlich war das Glück.

Ich weiß nicht, wie wohl mir wäre, wenn jemand vollkommen Fremdes drei Wochen in meiner Wohnung hauste. Und ob ich dann ausgerechnet auch auf eine Traumwohnung oder zumindest auf eine Wohlfühlwohnung träfe. Es gibt Wohnungstauscher, die anschließend über Probleme mit kaputtem Geschirr, durchwühlten Unterlagen oder meckernden Nachbarn klagen. Das erzählen die Urlauber auf Erfahrungsbörsen. Gelegentlich kommt es danach wegen Beschädigungen zum handfesten Streit, daher raten Rechtsexperten grundsätzlich dazu, vor einem Tausch die eigene Haftpflichtversicherung zu checken – falls man selber etwas kaputtmacht – und die des anderen. Es sei zwar nicht gesagt, dass jede Versicherung greift, wenn die Urlaubsmieter einen Schaden verursachen, betonen die

Rechtsexperten, aber die Versicherung sollte dennoch zur Grundausstattung gehören.

Daneben sollten Tauscher mit den neuen Bewohnern schriftlich klären, welche Schadensfälle deren Versicherung beinhaltet. Ein Problem deckt dabei keine Versicherung ab: Gegen Diebstahl gibt es keinen Schutz. Und auch die Tauschplattformbetreiber wie Homelink räumen ein: „Woher weiß ich, ob mein Heim sicher ist? Die Antwort ist: Sie wissen es nicht. Aber in den 55 Jahren, seit Wohnungstausch organisiert wird, hatten wir nur sehr wenige Fälle von Beschwerden und überhaupt keine Berichte von Diebstählen. Die wenigen Beschwerden drehten sich um den Haushaltsstandard, also die Sauberkeit." Meist jedoch würden die Besitzer ihre Wohnung so vorfinden, wie sie sie verlassen haben. Ich diskutierte auch lange mit meiner Freundin, ob das nun unser Urlaubsmodell der Zukunft sei oder eher ein einmaliges Experiment, das gutging. Sie will es wieder machen. Und zumindest ein paar ihrer Bekannten denken jetzt auch drüber nach.

Nur eines muss der Vermieter und Besitzer bei solchen Dingen natürlich erst überwinden: Die Angst davor, sein Besitztum zu verleihen und womöglich beschädigt zurückzubekommen. Davor sollen bei Vermietplattformen Kautionsregeln schützen: Der Besitzer kann selber bestimmen, was er als Kaution vom Mieter einbehalten möchte, für den Fall, dass es zu Schäden kommt. Je besser er die Kaution wählt, desto größer ist auch der Anreiz für den Mieter.

Einige der Haustauschbörsen bieten sogar einen Garantie-
fonds an, der notfalls für Schäden einspringt, die keine Versicherung übernehmen will. Ich jedenfalls stelle demnächst
auf jeden Fall schon mal meinen Tischgrill ins Internet.
Kann ja sein, dass andere öfter Indoor-Grillpartys veran-
stalten und größere Küchen haben als ich. Und wohin wollte ich noch mal in den Urlaub? Vielleicht gucke ich mal,
welche Weingutbesitzer in Italien gerade online sind.

Der Staat zahlt

Einer der beliebtesten Witze über die Finanzvorlieben der
Deutschen ist: Es gibt nur einen Trieb, der bei ihnen noch
stärker ausgeprägt ist als der Selbsterhaltungs- und der
Sexualtrieb – der Steuerspartrieb. Sobald in einem Ver-
kaufsgespräch die Worte fallen, „damit können Sie auch
mächtig Steuern sparen" oder sie sogar schwarz auf weiß in
einem Prospekt für ein Finanzprodukt auftauchen, kann
man uns alles verkaufen. Diese Worte wirken fast so berauschend wie der Kick, den das Wort „Gratis" im Gehirn
auslöst. Der Staat gibt uns Geld zurück – das muss man
doch annehmen! Merkwürdig nur, dass wir nur die Hälfte
des Geldes annehmen, das uns der Staat wirklich schenken
will.

Er würde uns nämlich noch viel mehr Geld geben. Wenn
wir es denn abrufen würden. Er verteilt freiwillig Zuschüsse für Sparer, für Hausbauer, für Rentengeldansammler, für

Familiengründer und für Bildungshungrige. Und was tun wir? Wir nehmen es nicht.

Dabei ist es ja nicht gerade so, als ob wir alle schon genug Geld hätten. Warum also nehmen wir es nicht? Theoretisch erklären uns das die Verhaltensökonomen so: Wir regen uns zehnmal mehr über einen verlorenen Euro auf, als wir uns über einen gewonnenen Euro freuen. Das mag man höchst irrational finden, aber es führt dazu, dass es uns besonders ärgert, wenn uns die Steuer etwas abknöpft, das wir uns hart erarbeitet haben. Deshalb setzen wir auch viel Kraft daran, diesen verlorenen Steuer-Euro wieder zurückzubekommen – über die Steuererklärung, in der wir ihn zurückfordern. Was wir dabei aus dem Auge verlieren, ist, was wir stattdessen gewinnen könnten. Das Geld, das uns der Staat zusätzlich zum Gehalt obendrauf legen will.

Praktisch weiß ich jetzt auch, woran es liegt, dass wir dieses Geld nicht einfordern: Haben Sie schon mal versucht, einen dieser Anträge auszufüllen, mit denen Sie vermögenswirksame Leistungen, Zuschüsse zur Altersvorsorge oder Weiterbildungsbeihilfen bekommen könnten? Machen Sie das mal: Und, sind Sie nun mittelbar oder unmittelbar zulagenberechtigt? Kennen Sie die Zertifizierungsnummer Ihres Anbieters? Wollen Sie einen Sparvertrag über Wertpapiere nach Paragraf 4 oder lieber einen Wertpapierkaufvertrag nach Paragraf 5 – oder doch lieber einen Beteiligungsvertrag oder besser noch einen Beteiligungskaufvertrag? Dann gilt für Sie Paragraf 6 oder 7, je nachdem. Alles klar?

Bisher dachte ich, die Formulare zur quartalsmäßigen Umsatzsteuervoranmeldung seien das Höchste, was die deutschen Steuerbehörden je zu Papier gebracht hätten. Bei denen brauchte ich ungefähr einen Tag, um herauszufinden, welche Formulare ich genau wo computertauglich herunterladen könne – und vor allem: wie ich sie ausfüllen müsse. Ich las mich in sämtliche Details ein, die mir erklärten, was steuerpflichtige innergemeinschaftliche Erwerbe und was Lieferungen des ersten Abnehmers bei innergemeinschaftlichen Dreiecksgeschäften seien. Ich brauchte auch eine Weile, um den genauen Unterschied zwischen „Vorsteuerbeträgen aus Leistungen im Sinne des Paragrafen 13 Absatz 1" und dem „Vorsteuerbeträgen, die nach allgemeinen Durchschnittssätzen berechnet sind" und zwar nach den Paragrafen 23 und 23a. Deshalb dauerte es nur noch einen Vormittag, bis ich die Zettel ausgefüllt hatte. Denn ich schwankte beim Ausfüllen noch etwas ratlos zwischen den Zeilen 66 und 64 hin und her. Anschließend verwendete ich noch eine Weile darauf, bis ich aus dem zuständigen Finanzbeamten herausgepresst hatte, ob ich tatsächlich alle Angaben in der richtigen Datenreihe eingetragen hatte. Bei der nächsten Anmeldung drei Monate später hatte ich die Hälfte davon wieder vergessen.

Wer einmal zwangsweise für seine Steuer oder Gewerbeanmeldung solche Formulare ausgefüllt hat, der weiß auch, dass man so etwas nicht auch noch freiwillig für ein halbes Dutzend anderer Geldfragen macht. Es sei denn, man hat sonst keine Hobbys.

Nun haben meine Freunde zwar eine Menge Hobbys, aber zum Glück haben sie auch viel Humor. Deshalb haben wir uns mal ein Hobby aus den Formularen gemacht. Wir nannten es das Experiment, das Zulagen-Experiment. Jeder von uns kümmerte sich um eines der zulagenverdächtigen Themen. Und regelmäßig tauschten wir uns gegenseitig aus, für wen eigentlich welche Zulagen taugen, wie wir sie tatsächlich bekämen und wie sich der Papierkrieg am besten bewältigen ließe. Unsere einzige Vorgabe war: Wir schenken dem Staat nichts!

Riester

Mein Projekt war die Riester-Rente. Und ich gebe zu, ich fand es anfangs ziemlich albern, mich tagelang durch die kryptischen Erklärungen der Bundesbehörden zu wälzen, erklärende Zeitungsartikel zu sammeln und mehrere hundert Angebote zu vergleichen – um damit am Ende läppische 76 Euro Zulage im Jahr einzustreichen. Die nämlich gab es für Unverheiratete noch vor einer Weile.

Bei solchen Summen kommt man schon ins Grübeln: Wissen diese Politiker eigentlich, wie viel Zeit es einen Otto-normalbürger kostet, allein die ersten relevanten Riester-Renten-Informationsdetails herauszusuchen und sich auf den Seiten der Zentralen Zulagestelle für Altersvermögen[7]

---

7 www.deutsche-rentenversicherung-bund.de.

über die mögliche Zulagenhöhe, das dazugehörige Alters-
vermögensgesetz und das Rentenbezugsmitteilungsverfah-
ren zu informieren? Und haben die eine Ahnung davon, wie
viel dieser Ottonormalangestellte normalerweise in einer
Arbeitsstunde wert ist – oder wie viel ihm eine Stunde seiner Freizeit wert ist, in der er nicht auf unübersichtlichen
Webseiten nach derartigen Informationen sucht? Jede
Wette: Das weiß kein Politiker. Sonst nämlich wären denen
die 76 Euro selber wie ein Hohn vorgekommen. So entlud
sich mein Groll. Aber ich gebe auch zu: Er ist wieder ver-
flogen, denn erstens hatte die Politik ein Einsehen und hat
das Verfahren der Riester-Rente erheblich vereinfacht. Zweitens hat sie die Zulagen angehoben und überdies habe ich
das System inzwischen besser verstanden.

Anfangs war die Riester-Rente tatsächlich ein bürokrati-
sches Ungetüm. Das war einer der Gründe, weswegen
kaum jemand einen Vertrag abschloss und die Idee von
Arbeitsminister Walter Riester lange als Rohrkrepierer
galt. Das hat sich geändert: Ende des Jahres 2008 nahmen
bereits 12 Millionen Sparer die staatliche Beihilfe zum privaten Rentenaufbau an. Aber immer noch viel weniger, als
es sein könnten: Fast dreimal so viele, etwa 32 Millionen
Bundesbürger, könnten die Riesterzulagen einstreichen.
Das sind alle Angestellten, die in die gesetzliche Rentenkasse einzahlen, und auch alle Selbständigen, die über
berufsständische Versorgungswerke Beiträge zur gesetzlichen Rente entrichten. Warum aber machen es trotzdem
etwa zwei Drittel von ihnen nicht?

Die allermeisten, nämlich 70 Prozent der Verweigerer, sagen, das Ausfüllen der Formulare sei ihnen zu kompliziert. Etwa jeden Zweiten stört auch, dass er an das Geld, das er in einen Riestervertrag einzahlt, wirklich nicht vor dem 65. Lebensjahr herankommt. So hat es der Gesetzgeber festgelegt, weil er verhindern will, dass die Bürger zwar staatliche Förderungen für die Rente einstreichen, aber die Konten trotzdem nur als Notgroschen-Konto gebrauchen und in schweren Zeiten vorschnell auflösen.

Zumindest Letzteres ist ein berechtigter Einwand. Aber wenn wir ehrlich sind, ist das auch ein ziemlich cleverer Weg, mit dem der Staat uns zwingen will, wirklich mit dem Sparen durchzuhalten – und nicht auf der Hälfte der Strecke bis zur Rente wieder aufzugeben. Schließlich ahnen wir nicht nur, sondern Wissenschaftler haben es längst bewiesen: Nichts fällt uns schwerer, als auf etwas hinzuarbeiten, das sich erst übermorgen auszahlen wird. Für eine Klausur lernen, die erst in zwölf Wochen kommt? Heute doch noch nicht! In die Rentenkasse einzahlen, obwohl ich nicht weiß, ob ich überhaupt so alt werde – statt in den Urlaub zu fahren? Ja, bin ich verrückt? Und nichts fällt wiederum leichter, als unsere langfristigen Ziele einfach mal kurz zu vergessen, wenn uns dafür kurzfristig ein schneller Genuss winkt.

Man kann viel gegen die Riester-Rente sagen und wettern. Aber wer nicht gerade die Welt verdient, aber trotzdem noch „ein bisschen nebenbei" fürs Alter sparen will, wer

außerdem sichergchen möchte, dass er am Ende mindestens
die Summe ausbezahlt bekommt, die er eingezahlt hat und
sich vielleicht auch noch mit dem Gedanken trägt, eine
Familie zu gründen, für den könnte sich das Riestern wirklich lohnen.

Er muss sich nur erst einmal eine ganz andere Frage stellen:
Bin ich bereit, rund 4 Prozent meines Vorjahreseinkom-
mens dort einzuzahlen? Das sind bei einem Berufseinstei-
gergehalt von 36.000 Euro im Jahr immerhin 1.440 Euro.
Wer schon richtig gut verdient, drückt bei 50.000 Euro
Jahresgehalt genau 2.000 Euro ab. Über die Obergrenze
von 2.100 Euro geht es allerdings nicht. Natürlich muss
auch niemand diese Summen einzahlen, es darf auch weniger sein. Aber dann zahlt der Staat auch nicht die volle
Zulage. Wie viel war das noch mal? Richtig, früher waren
es mal die berühmten 76 Euro, inzwischen ist sie gestiegen
auf 154 Euro, bei Verheirateten sogar auf 308 Euro (da
muss er allerdings auch auf zwei Verträge verteilt werden).
So gesehen sieht die Rechnung schon wieder ganz anders
aus: Wer beispielsweise seine 1.440 Euro einzahlt,
bekommt dafür noch 154 Euro vom Staat geschenkt. Das
macht 10 Prozent „Rendite" noch ganz ohne das, was das
Geld später noch abwirft. Das verdeutlicht auch, warum
sich Riestern gerade für Nicht-Topverdiener lohnt. Und je
weniger jemand selber in den Topf einzahlt, umso mehr
vergrößert die Zulage seinen Anteil. Auch Arbeitslose können übrigens Riestern, wenn sie dazu mindestens 60 Euro
im Jahr einzahlen. Die Zulage von 154 Euro fließt dann

trotzdem. Und für jedes neugeborene Kind gibt es noch einmal 300 Euro. Für ältere Kinder immerhin 185 Euro.

Wie wäre es also mit dieser Rechnung: Eine alleinerziehende Frau oder ein alleinerziehender Mann wird arbeitslos und schlägt sich mit Minijobs durch – oder ist Hausfrau oder Hausmann mit Kind. Es wäre wohl kaum zu schaffen, sich dabei eine private Rente nebenher aufzubauen, aber irgendwie klappt es, 60 Euro im Jahr zur Seite zu legen. Dafür gibt es am Ende des Jahres 338 Euro vom Staat geschenkt und so bleiben wenigstens 400 Euro jährlich fürs Altersvorsorgesparen. Ergibt in zehn Jahren 5.260 Euro, plus Zinseszins (wenn man eine Verzinsung von 3 Prozent annimmt) und in 30 Jahren immerhin 20.571 Euro, die fast komplett der Staat hat springen lassen. Wohlgemerkt im Worst-Case-Szenario, dass die Arbeitslosigkeit 30 Jahre hält.

Fast hätte ich aber die Hürde vergessen: Das Antragsformular. Das auszufüllen ist ehrlich gesagt keine Hexerei. Das sagen übrigens auch zwei Drittel derjenigen, die es schon gemacht haben. Viel schwieriger ist die Frage: Von wem bekomme ich es überhaupt? Denn derjenige, mit dem ich einen Riestervertrag abschließe, drückt mir das Formular üblicherweise in die Hand und hilft zur Not beim Ausfüllen. Das aber ist die entscheidende Frage: Welcher Vertrag soll es denn sein?

Ein Banksparplan, bei dem das Geld jährlich auf ein Sparkonto wandert und sich dort zum festgeschriebenen (aber
eher winzigen) Zinssatz vermehrt? Oder ein Fondssparplan,
bei dem das Geld in Anteile spezieller Riester-Fonds fließt?
Bei Fonds ist klassischerweise die Rendite höher – bei
ihnen muss der Anleger aber hoffen, dass an seinem 65.
Geburtstag nicht gerade eine größere Börsenkrise herrscht.
Sonst kann es statt des erhofften, großen Wertzuwachses
sein, dass er lediglich sein eingezahltes Kapital herausbekommt, mehr nicht.

Auch in den vergangenen Monaten sorgten die Riester-
Fonds für viel Ärger. Denn weil die Fondsgesellschaften das
Kapital der Sparer garantieren müssen, schichteten ihre
Manager das Geld der Riestersparer massenhaft um, von
Aktienfonds – mit hohen Renditeaussichten, aber starken
Schwankungen – in stabilere Rentenfonds. Weil die nur auf
Papiere mit festen Zinsen setzen, können die Gesellschaften
zwar sichergehen, dass das Geld der Riestersparer erhalten
bleibt, aber die verlieren dadurch das, weswegen sie sich
ursprünglich für Fondssparpläne entschieden hatten: die
Aussicht auf mehr Wertsteigerung.

Wer so richtig auf Nummer sicher gehen will, wählt oft die
Riester-Rentenversicherung. Die bietet allerdings auch
keine großen Freiheiten, weil sie Sparer und die Renditen
in ein enges Regelkorsett presst. Mehr als 3 bis 4 Prozent
Verzinsung dürften in Zukunft kaum noch drin sein.
Gesetzlich garantiert sind derzeit nur 2,25 Prozent. Denn

auch Versicherungen müssen in unsicheren Zeiten vorsichtig anlegen. Und von den hohen Kursgewinnen der vergangenen Jahre können sie ohnehin wenig profitieren, weil sie kaum noch am Aktienmarkt anlegen dürfen. Eines fällt dafür ganz sicher an: die Abschluss- und Verwaltungskosten der Versicherungsunternehmen. Immer wieder streitet die Branche, bei wem die Kosten höher seien: Bei den Fonds, die meist einen Ausgabeaufschlag um 5 Prozent verlangen und eine jährliche Verwaltungsgebühr von maximal 2 Prozent, oder den Versicherern mit ihren hohen Abschlussprovisionen und laufenden Kosten.

Die vorrangige Frage für den Anleger sollte aber sein: Welche Art von Produkt will er überhaupt? Das Geld, das sich ganz sicher, aber im Schneckentempo vermehrt und bei dem keine Kosten anfallen (dann fragt er bei seiner Bank nach dem Banksparplan), oder das Geld, das am Aktienmarkt größere Gewinne abwerfen kann, wenn es gut läuft, was aber kostet (dann geht er zu einer der großen Fondsgesellschaften oder ins Internet zu einer Fondsplattform und schließt einen Fondssparplan ab), oder das Geld, bei dem klar sein soll, welche Mindestrente ein Sparer am Ende bekommt (dann ruft er einen Versicherungsmakler an und nimmt die Rentenversicherung). Und sollte ein Sparer vielleicht doch nicht bis zur Rente durchhalten, weil sein Leben so rasant ist, dass es schon vor Ablauf des statistischen Durchschnittslebensalters endet, dann lassen sich die Riesterverträge auch vererben. Allerdings nicht immer problemlos.

Ich habe auf jeden Fall beim Vergleichen eines gelernt: Welchen Vertrag man nimmt, ist eine Typfrage. Deshalb haben fast alle meine Freunde ganz unterschiedliche abgeschlossen. Nur einen können wir eigentlich keinem empfehlen: das Zwitterprodukt der Versicherungsbranche, die fondsgebundene Rentenversicherung. Die kostet nämlich doppelt – erstens lässt sich die Versicherung gut für diesen Vertrag bezahlen und zweitens kassiert die Fondsbranche auch noch mal, bevor sie das Geld anlegt. Damit fördert der Staat eher die Finanzindustrie als uns.

Rürup

Alle, die das Wort Steuern nicht gerne hören, müssen jetzt stark sein. Es kam nämlich in unserer Diskussionsrunde um die Rürup-Rente ziemlich oft vor. Was nämlich die meisten meiner Freunde aufregte: Es ist ja wunderbar, dass der Staat mit der Riester-Rente die Angestellten fördert. Aber hat er mal über die Selbständigen und Freiberufler nachgedacht? Über all die Ärzte und Architekten, Rechtsanwälte und Journalisten, Unternehmensgründer und Ein-Personen-Firmen? Hat er. Zumindest hat er auch dafür eine Förderungsmöglichkeit erfunden. Er will diese Berufsgruppen animieren, indem er ihnen nicht das Wort „Wertsteigerung" oder „Zulagen" als Anreiz zuruft, sondern das Wort „Steuersparen".

Uns war nicht ganz klar, ob wir genau die Zielgruppe waren, die sich der Staat für seine Rürup-Rente vorgestellt hatte. Denn um richtig Steuern sparen zu können, hätten wir ja auch erstmal alle richtig viel Geld verdienen und richtig viel Steuern zahlen müssen. Genau das aber taten Freiberufler zumindest in dem Alter, in dem wir anfingen, uns über die Altersvorsorge Gedanken zu machen, nicht. Uns machte deshalb nachdenklich, dass die Verfechter der Rürup-Rente in Beispielrechnungen davon ausgehen, dass ein Beitrag zur Rürup-Rente 4.200 Euro beträgt. Das wären selbst bei einem ordentlichen Jahresnettogehalt von 48.000 Euro fast 10 Prozent. Das entspricht zwar ungefähr dem, was Altersvorsorgeberater als Sparrate für die Rente grob empfehlen. Aber wohlgemerkt als Gesamtbetrag.

Wenn man nun davon ausgeht, das die meisten von uns mindestens eine der 97 Millionen deutschen Lebensversicherungen haben, Bausparverträge, Geld auf der Bank, Fondssparpläne und möglicherweise auch einen Teil einer Wohnung oder eines Hauses abbezahlen, wer soll dann zusätzlich noch so viel Geld für die neue Rürup-Rente übrig haben? Mal ganz abgesehen davon, dass auch kein Altersvorsorgeberater raten würde, diese Summe von 10 Prozent komplett in ein Produkt zu stecken.

Vielleicht ist das auch das Hauptproblem, weswegen die Rürup-Rente im Moment einen ähnlichen Ruf besitzt wie die Riester-Rente in ihrer Frühzeit: Zum richtigen Renner unter den Altersvorsorgeprodukten ist sie unter den 4,6

Millionen Selbständigen in Deutschland jedenfalls noch nicht geworden. Das ist auch gar nicht so verwunderlich. Denn das liegt in erster Linie an ihrer Konstruktion. Die klingt nämlich ganz so, als habe sie wirklich ein Wirtschaftsweiser und Finanzwissenschaftler erfinden müssen. Und vielleicht hat er dabei daran gedacht, wie er sie vielen seiner freiberuflichen Kollegen erklärt. Andere verstehen sie nämlich kaum.

Während der Staat bei der Riester-Rente verspricht, jedes Jahr einen Batzen Geld obendrauf zu legen, den es also geschenkt gibt, hat er die Rürup-Rente so konzipiert: Wer große Summen für die Altersvorsorge zurücklegt, der kann diese Summen in der kommenden Steuererklärung abziehen. Sie mindern also seine Steuerlast. Zwar muss er dafür, wenn er ins Rentenalter kommt, die Monatsrente versteuern, die aus dem Rürup-Vertrag fließt. Das aber, so sagen Versicherungsberater immer wieder, rechnet sich für ihn. Denn die Steuerlast eines Rentners ist in der Regel viel geringer als die eines Beschäftigten. Soweit käme man ja noch problemlos mit. Aber: Nun kann der jüngere Rürup-Sparer nicht den kompletten Betrag, den er zurücklegt, steuerlich absetzen. Nehmen wir mal an, er ist jetzt 35 Jahre alt. Momentan kann er sich lediglich 68 Prozent der Altersvorsorgesumme als Sonderausgabe anrechnen lassen. Dafür aber wird seine Rente später nicht ebenfalls zu 68 Prozent versteuert, sondern zu 99 Prozent, wenn er im Jahr 2039 in Rente geht, und zu 100 Prozent ab 2040. Wer schon vorher in den Ruhestand geht, muss entsprechend für jedes Jahr, das vor 2040 liegt, 1 Prozent abziehen. Alles klar?

Fragen Sie bitte nicht, warum das so ist. Dahinter steckt das eigentlich simple Prinzip, dass der Staat stufenweise die Steuerlast im Alter anhebt, während er ebenfalls stufenweise die Steuerlast absenkt, die Berufstätige tragen müssen, die jetzt schon fürs Alter sparen. Was daran allerdings ungeschickt ist: Der Staat hat es versetzt gestaffelt. Das führt dazu, dass besonders die Jüngeren ihre Spargelder jetzt noch gar nicht voll absetzen können, dafür aber ihre Rente später trotzdem komplett versteuern müssen. Das halten nicht nur Leute mit gesundem Menschenverstand und natürlichem Gerechtigkeitsempfinden für ungerecht, sondern darüber werden auch noch die Gerichte streiten. Denn diese Art der Doppelbesteuerung halten selbst Juristen für nicht zulässig.

Dazu kommt noch eine zweite Finesse: Bisher ließ sich die Rürup-Rente nur in Form von Rentenversicherungen abschließen. Das fanden viele Sparer – gerade auf lange Sicht – eher unattraktiv. Neuerdings sind aber auch Fondssparpläne erlaubt. Nur tun die sich angesichts der Börsenlage gerade auch etwas schwer.

Daraus aber zu schließen, die Rürup-Rente sei nun das, was die Riester-Rente nicht geworden ist – ein Rohrkrepierer –, wäre voreilig. Denn auch wenn sie zumindest für die jüngeren Altersklassen nicht sehr taugt, für die Generation 50 plus kurz vor der Rente kann sie sich lohnen. Jeder von uns, der einen Arzt, Unternehmer oder Rechtsanwalt kennt, der nur noch wenige Jahre bis zum Ruhestand hat, der gerade glänzend verdient und der auf die Schnelle noch einen großen Batzen Geld für ein paar Jahre anlegen möchte, ohne dafür groß Steuern zu zahlen, sollte ihnen den Rat geben, zumindest darüber nachzudenken.

Für den bleibt allerdings auch die schwere Frage: Soll er jetzt mutig sein und in diesen hektischen Börsenzeiten auf Fonds setzen? Schließlich kann er sie ja vor dem 60. Lebensjahr auch nicht auflösen, das sehen die Rürup-Regeln so vor. Das wäre aber durchaus ratsam, wenn die Aktienmärkte in den Folgejahren zum erneuten Höhenflug aufsteigen sollten – bevor sie danach wieder abstürzen. Oder soll er die klassische Rentenversicherung wählen – die in schlechten Zeiten gerne mal dazu neigt, große Auszahlungen vorzurechnen, sie aber später doch aufs Nötigste zusammenstreichen. Das wäre dann der derzeit historisch niedrige Garantiezins.

Eines ist aber sicher bei der Rente des Herrn Rürup: Sie bleibt den Sparern auch in den unsichersten Zeiten. Das Kapital ist nicht nur vor den Turbulenzen auf den Finanzmärkten geschützt, sondern auch vor Zugriffen durch den Staat. Das ist besonders für Selbständige wichtig: Denn wer mit seiner eigenen Firma mal in Schwierigkeiten kommt, kann wirklich Vieles verlieren. Aber es sollte nicht gleich die ganze Altersvorsorge sein.

Dann habe ich noch einen Freund, der Bausparer ist. Ja, er weiß, das klingt schrecklich uncool. Und so fühlte er sich auch seit Jahren. Aber seit einer Weile, und vor allem jetzt, wo alle nur noch auf Sachwerte schielen, fühlt er sich, als wäre er ganz vorne mit dabei. Das hätte er sich vor ein paar Jahren auch noch nicht träumen lassen. Seit in der Werbung Harley-Davidson-Rocker in Lederjacken für seinen Bausparverein Werbung machen und er die Sache mit dem doppelten Geld herausgefunden hat, fühlt er sich nämlich ganz schön verwegen.

Er verkaufte uns das so: Es gäbe ja schon immer Makler und Vermittler, die hätten das Prinzip perfektioniert, die Hand immer zu zwei Seiten hin aufzuhalten. Sie nehmen's von den Kunden, die sie beraten, und von den Anbietern, deren Produkte sie an den Kunden bringen gleichermaßen. Eigentlich eine Frechheit. Hätte man nicht früher Abzocker oder Raubritter dazu gesagt? Aber die Zeiten werden härter. Ist es da nicht jetzt mal ausnahmsweise angebracht, sich auch an solchen Geschäftsmodellen ein Beispiel zu nehmen? Es gibt nämlich sogar eine Sparform, bei der ganz offiziell gefördert wird, dass wir zweimal abkassieren: bei unserem Chef und beim Fiskus. Vor allem – und jetzt kam seine Pointe – hilft sie Bausparern. Genau für die hat der Staat die Vermögenswirksamen Leistungen erfunden. Nicht unbedingt ein Wort, das man schon immer mal gehört haben wollte, aber eines, das man sich merken muss:

Denn wenn man es von seinem Chef beim Einstellungsge-
spräch hört – oder wenn es im Arbeitsvertrag steht – dann
bedeutet es: Hier können wir doppelt Geld bekommen.

Alles, was wir dafür machen müssen: einen Sparplan ein-
richten. Das muss auch nicht zwingend ein Bausparplan
sein. Wer gar nicht vorhat, jemals ein Haus oder eine Wohnung zu kaufen, der kann auch einen Banksparplan anlegen, eine betriebliche Altersvorsorge oder ein Fondssparplan. Oder er kann, wenn er schon länger beschlossen hat,
uncool zu sein, auch einen bereits bestehenden Baukredit
abzahlen. Gut, oder?

Okay, es gibt eine zweite Hürde: Wir müssen natürlich
auch eine bestimmte Summe regelmäßig einzahlen. Es
müssen aber nicht unbedingt mehr sein als 34 Euro monatlich. Dann aber zahlt unser Arbeitgeber zusätzlich zum
Gehalt monatlich noch einen kleinen Beitrag auf den Sparplan ein. Nicht wahnsinnig viel aber zwischen 6,65 und
immerhin 40 Euro. Einziger Haken am VL-Sparen: Es gilt
leider nur für Arbeitnehmer. Selbständige und Freiberufler
müssen woanders die Hand aufhalten.

Zweitens legt der Staat noch einen Bonus obendrauf, je
nachdem, wie viel wir beim Sparen vorgelegt haben. Allerdings gibt der Staat es auch nur denjenigen, die wenig verdienen. Was ja nur gerecht ist und vielleicht bald wieder in
Mode kommen könnte. Gerade deshalb sollten wir uns an
diese Sparform erinnern, wenn das Geld knapp wird: Die

Arbeitnehmersparzulage vom Staat gibt es dazu, wenn ein Arbeitnehmer nicht mehr als 20.000 Euro im Jahr nach Hause bringt, oder ein Ehepaar nicht mehr als 40.000 Euro in der Haushaltskasse hat. Dann steckt der Staat ihnen einen Sonderbetrag zu, dessen Höhe sich nach der Sparform richtet. Auf den ersten Blick gesehen wäre demnach der Fondssparplan die beste Variante: Wer einen hat, kann bis zu 400 Euro jährlich dort einzahlen und bekommt dann 20 Prozent auf diese Summe vom Staat dazu gelegt, also maximal 80 Euro pro Jahr. Bausparer dürfen zwar bis zu 470 Euro sparen, werden aber nur mit 9 Prozent pro Jahr bezuschusst, also mit maximal 43 Euro. Dafür können sie zusätzlich noch die Wohnungsbauprämie kassieren. Bei der zahlt der Staat 8,8 Prozent auf die jährliche Sparleistung, höchstens aber 45 Euro. Insgesamt kommen Bausparer also sogar auf 88 Euro Zuschuss. Soweit klingt das alles noch einfach.

Der Haken dabei ist eigentlich nur der: Die Arbeitnehmersparzulage fließt nur, wenn wir sie über die jährliche Steuererklärung beantragen. Genau, und jetzt kommt die Sache mit den Formularen, der Anlage N und den verwirrenden Einträgen. Das geht so: Wichtig ist das Formular, das für die gewöhnliche Steuererklärung ausgefüllt wird, die Anlage N. Dort geben wir unsere „Einkünfte aus nichtselbständiger Arbeit" an, also zunächst das ganz normale Gehalt, das unser Arbeitgeber monatlich zahlt. Wichtig ist dann aber die Spalte: „Angaben zum Antrag auf Festsetzung der Arbeitnehmer-Sparzulage". Dort müssen wir eintragen, wie viele Bescheinigungen wir bekommen haben und zwar von der Gesellschaft, bei der wir den VL-Sparplan eingerichtet haben. Und diese Bescheinigungen müssen dann mit der Steuererklärung auch mitgeschickt werden. Das dauert natürlich alles eine Weile, und weil wir die Steuererklärung jeweils erst im folgenden Jahr für das vorangegangene Jahr abgeben, landet auch die Arbeitnehmersparzulage erst mit erheblicher Verspätung auf unserem Konto. Aber besser spät als nie, oder?

Weiterbildungszuschüsse

Von einem kann man außerdem nie genug haben: Wissen. Deshalb erinnern uns jetzt viele Berufsberater daran, dass eine Wirtschaftskrise auch ein optimaler Zeitpunkt ist, sich fortzubilden und sich für den nächsten Aufschwung wieder in Stellung zu bringen. Doch Wissen ist nicht nur Macht, sondern auch teuer. Das wissen alle, die schon mal eine berufliche Weiterbildung auf eigene Faust gezahlt haben. Eine Freundin von mir macht zum Beispiel noch ein Zweitstudium, das ihr im Beruf enorm weiterhilft. Aber ihre Firma findet: Das ist ihr Privatvergnügen. Also hat sie für ein paar Jahre das wahrscheinlich teuerste Hobby der Welt, das pro Jahr mehrere tausend Euro verschlingt. Vielleicht liegt es ja daran, dass deutsche Mitarbeiter, pardon, aber: zu den bildungsfaulsten Angestellten in Europa gehören, wie die OECD-Statistik sagt. Falls es aber wirklich nur daran liegt: Es gibt auch fürs Lernen Zuschüsse vom Staat oder vom Land: die Weiterbildungsschecks. Von denen aber viele Angestellte dummerweise gar nichts wissen. Weil dafür auch nur wenig Werbung gemacht wird.

Die Schecks gibt es für Mitarbeiter kleiner Unternehmen mit bis zu 250 Mitarbeitern. Weil genau diejenigen Firmen selbst wenig Programme oder Lehrgänge anbieten. Aber auch Berufsrückkehrer und Existenzgründer können so einen Bildungsscheck beantragen. Wer einen hat, bekommt die Hälfte der Kursgebühren für eine berufliche Fortbildung gezahlt. Höchstens aber 500 Euro. In den meisten Fällen reicht das aber auch, sagt ein Gutachten des Ministeriums. Denn die Hälfte aller Weiterbildungen, die Mitarbeiter in den vergangenen Jahren machten, kosteten maximal 500 Euro. Außerdem können Geringverdiener mit weniger als 20.000 Euro Jahreseinkommen noch eine Bildungsprämie beantragen, die 154 Euro dazu gibt. Und wussten Sie schon, dass auch das Weiterbildungssparen gefördert wird und es Weiterbildungsdarlehen gibt? Jetzt wissen Sie das schon mal. Ersteres gibt es auch erst seit Januar 2009. Und über die genauen Voraussetzungen und Kriterien je nach Bundesland sowie über Ansprechadressen informiert das Bundesministerium für Bildung und Forschung auf seiner Internetseite www.bmf.de.

Mehr Geld durch mehr Arbeit – Wenn ein Job nicht reicht: Multijobber und Miniworker

Es dauerte nur ein paar Monate. Aber es waren Monate, in denen ich mir oft wünschte, der Tag hätte mehr als 24 Stunden. Es müssten mindestens 36 sein, um all das zu schaffen. Und um dabei wenigstens ab und zu mal zum Durchatmen zu kommen. Mein Tag begann morgens um 6 Uhr. Da war auch schon die erste Mail meines Chefs-auf-Zeit im Postfach: Die Manuskriptseiten, die gestern Abend noch fertig layoutet worden waren und bis mittags gefüllt sein mussten, damit sie rechtzeitig in den Druck gingen. Fehlerfrei und flockig formuliert. Mit der ersten großen Tasse Kaffee war das zu schaffen. Sogar bis 9 Uhr, um die Zeit spurtete ich nämlich los in die Redaktion. Zeitzeugen anrufen, Interviews vereinbaren, Konferenz zur Lage des Projekts. Hatte sich das Kamerateam endlich gemeldet? Mussten wir noch Drehgenehmigungen für den Auslands-dreh organisieren? Würden wir überhaupt alle Termine an nur drei Tagen schaffen? Der Kampf gegen die Zeit begann. In zwei Monaten begann der Dreh, bis dahin muss-te alles stehen.

Die Hektik war mein Glück, denn ohne sie wäre ich schon im zweiten Büro manchmal im Mittagsloch versackt und mit dem Kopf auf die Tastatur gesunken. Und nachmittags wo-möglich mit dem verräterischen Abdruck der Buchstaben-tasten auf der Stirn zu Büro Nummer 3 weitergerast. Da textete und organisierte ich, griff in die Tasten, um wenigstens mit Worten Menschen zu retten und sie vor größerem Unglück zu bewahren. Plante nebenbei noch eine Firmenveranstaltung und hackte Budgetdaten in Excel-Tabellen. Der zweite Liter Kaffee half. Musste er auch. Wenigstens bis 20, manchmal bis 21 Uhr. Dann fuhr ich heim. Das Konzept für Chef Nummer eins weiter vorantreiben.

Gegen Mitternacht, wenn die Konzentration endgültig nachließ, ging oft nur noch eines: Rechnungen schreiben, ein paar Unterlagen sortieren und das Adressbuch auf Vordermann bringen. Arbeiten, für die man keine große Denkleistung mehr braucht. Die aber trotzdem oft bis 1 oder 2 Uhr dauerten. Dann fiel ich ins Bett. Fertig, aber irgendwie zufrieden. Denn verdient hatte ich wenigstens an diesem Tag so viel, dass ich über die Runden kam. Für die nächsten Monate. Danach liefen zwei der drei Projekte aus. Nur manchmal fühlte ich mich ausgepresst wie eine Zitrone. Denn sicher war nur eines: Morgen um kurz vor 6 klingelte der Wecker. Es ging von vorne los.

Wenn ich ehrlich bin, dachte ich bis dahin: Das Prekariat, das sind die anderen. Die Minderbegüterten, das sind wir doch nicht, oder? Leute, die von dem Beruf, den sie haben, nicht wirklich leben können, das sind doch die, die irgendwie nichts Ordentliches gelernt haben. Und die deswegen schlecht bezahlte Jobs annehmen müssen, die kein anderer will. Deshalb kommen die kaum über die Runden. Und Minijobs, die machen Studenten, Rentner oder Arbeitslose, die sich noch ein paar Euro nebenher verdienen wollen.

Oder kannte ich etwa jemanden, der einen anständigen
Beruf gelernt, eine Ausbildung gemacht und vielleicht
noch studiert hatte – und der mit seinem Job nicht seinen
Lebensunterhalt bestreiten kann? Plötzlich kannte ich welche. Sie werden auch einen kennen. Meist sogar mehr als
einen.

Zuerst dachte ich wirklich, in meinem Bekanntenkreis
gäbe es so etwas nicht. Gut, im Studium schlugen wir uns
mit Nebenjobs, Minijobs und kaum bezahlten Praktika
durch, wie alle anderen auch. Aber das wäre ja sicher
danach vorbei. Dachten alle. Danach findet man ja einen
anständigen Job, wenn man will. Das wollten wir auch.
Geklappt hat es aber nicht immer.

Dabei kann man uns nicht vorwerfen, keine anständigen
Berufe ausgesucht zu haben: Wir sind Journalisten, Architekten, Volkswirte, Marketingfachleute, Experten in Heilberufen, Informatiker und Systemadministratoren, PR-
Manager und Unternehmensberater. Aber nicht alle von
uns kommen in diesen Berufen wirklich über die Runden.
Und das liegt mit Sicherheit nicht daran, dass wir uns mit
30 den ersten Porsche, die Zweitwohnung oder den Dritturlaub leisten. Im Gegenteil. Die meisten, die ich kenne,
fahren abwrackprämienreife Kleinwagen, leben immer
noch in kleinen Wohnungen und fahren höchstens mal ein
paar Tage auf eine kleine Insel irgendwo in der Nordsee
oder im Mittelmeer. Es sind auch keine Leute, die nicht mit
Geld umgehen können.

Aber von zwei Ideen mussten wir uns im Laufe der Zeit verabschieden: Von dem Gedanken, dass ein guter Beruf uns alle heutzutage noch automatisch in eine gut bezahlte Position bringt und mühelos zum Leben reicht. Und davon, dass die einzige Berufsperspektive die lebenslange unbefristete Festanstellung ist. Deshalb arbeitet mein Bekanntenkreis jetzt so: Eine Freundin, die Ingenieurin ist, arbeitet nicht als Festangestellte in einem großen Baubüro, sondern als Freiberuflerin. Damit ist sie für den Chef billiger. Er zahlt ihr ein Berufseinsteiger-Brutto-Gehalt, das in der Großstadt gerade für Miete und Essen reicht. Ihr Chef ist damit alle Sorgen los und bekommt sie dafür sogar exklusiv. Sozial-, renten- und krankenversichern muss sie sich selbst. Deshalb unterrichtet sie nach Feierabend noch als freier Coach, damit am Ende des Monats wenigstens noch Geld für Sport und zum Weggehen übrig bleibt und ab und zu für neue Schuhe.

Ich habe Journalistenfreunde, die arbeiten ebenfalls freiberuflich zehn, zwölf Stunden am Tag, kommen aber mit den üblichen Zeilenhonoraren kaum über das hinweg, was beim Gesetzgeber als Existenzminimum gilt. Andere haben Fotodesign studiert, bekamen keine Anstellung, irgendwann auch keine Aufträge mehr und jobben jetzt für ein paar Euro täglich in einem Kameraladen. Wieder andere schlagen sich mit Statistenjobs beim Film durch und warten täglich drauf, bis mal wieder ein Unternehmen bei ihnen anruft, das einen Werbefilm in Auftrag gibt. Ich kenne gelernte Marketingfachfrauen, Volkswirte und Kauf-

leute, die früher ganze Büros und kleine Unternehmen
geschmissen haben und die gerne voll arbeiten würden, sich
aber erstmal mit einem Teilzeitjob arrangieren und nebenbei in Bäckereien, Altenheimen oder bei Steuerberatern
jobben, um so ein tragfähiges Einkommen zusammenzu-
bringen. Und vor ein paar Jahren habe ich selbst drei Jobs
gleichzeitig gemacht: Einen beim Film, einen bei einem
Verlag und einen als Konzeptchef für ein neues Magazin.
Wir alle hatten lauter prekäre Arbeitsverhältnisse, so würden Politiker das wohl nennen. Wir waren Arbeitskräfte,
die nicht genau wussten, wie lange das, was sie verdienen,
zum Leben reichen würde.

Trotzdem waren wir engagiert und mit Spaß an dem, was
wir taten. Und wir sind jetzt rehabilitiert. Zumindest gesell-
schaftlich. Seit wir junge Berufsstarter offiziell die „Generation Praktikum" nennen, ist vielen aufgefallen, dass
selbst Arbeitswillige nicht mehr ganz automatisch in den
Beruf rutschen, sondern oft jahrelang von einem unbezahl-
ten – oder kaum bezahlten – Praktikum zum nächsten
hecheln. Seit immer mehr Geistes- und Sozialwissenschaft-
ler und selbst Ingenieure erst einmal freiberuflich ihre
Dienste anbieten, um zu zeigen, was sie beherrschen, da
schwant vielen: Es liegt vielleicht nicht vorrangig an den
Arbeitskräften, sondern eher daran, dass sich die Strukturen
auf dem Arbeitsmarkt gerade ändern. Dass bestimmte Jobs
zu einer aussterbenden Spezies gehören. Dass Selbständig-
keit und Freiberuflertum zum Trend wird. Und dass Ältere erhebliche Probleme haben, seit Frühverrentung poli-

tisch in Mode ist, wissen wir auch längst. Dass „älter sein" allerdings schon mit 40, spätestens mit 45 Jahren anfängt, wissen viele erst, wenn es bei ihnen so weit ist.

Ich hatte mit meinen Jobs im Grunde richtig Glück: Alle drei Jobs waren auch irgendwie verwandt. So beflügelte einer manchmal den anderen. Aber nach ein paar Monaten mit Endlosarbeitstagen bin ich abends wirklich fast regelmäßig auf der Computertastatur eingeschlafen. Meine Freunde kannte ich nur noch vom Telefon, weil ich es nie rechtzeitig in den Biergarten schaffte. Auch an Wochenenden hockte ich vorm Bildschirm und nahm Essen nur noch zu mir, das man zwischen zwei Terminen in höchstens drei Minuten zubereiten konnte. Aber ich verbuchte das als Ausnahmesituation. Und weiß nicht, ob ich mir vorstellen kann, wie es sich anfühlt, so sein ganzes Leben zu bestreiten.

Aber mehrere Millionen Deutsche machen genau das, schätzen Statistiken. Die meisten davon, etwa sechs Millionen, fahren zweigleisig. Sie haben neben der Vollzeitstelle noch einen 400-Euro-Job. Die übrigen arbeiten sogar mindestens dreigleisig, indem sie mehrere Minijobs parallel abarbeiten oder diverse Teilzeit- und Minijobs miteinander kombinieren. Zumindest versuchen sie das. Denn irgendwann sind sie alle ganz schön geschafft, vom frühen Aufstehen, vom dauernden Hin- und Herhecheln zwischen den Kleinarbeitsplätzen und von nicht enden wollenden Arbeitstagen. Vom Multitasking, weil Multiworker gleich mehrere ungelöste Aufgaben mit in den Feierabend nehmen. Oder weil immer gleich mehrere Stellen in Gefahr geraten, wenn eine Aufgabe mal wieder etwas länger dauert. Weil immer gleich mehrere Chefs 120-prozentigen Einsatz fordern. Und weil die Multiaktiven dazwischen irgendwie auch noch ihr Privatleben koordinieren müssen. Und es sind in der Mehrzahl tatsächlich längst nicht mehr die Ungelernten, die sich mit Handlanger- und Verkäuferjobs durchschlagen. Oder diejenigen, deren Geld nie reicht. Sondern auch diejenigen, die einen Jobtraum nicht nur träumen wollen, sondern ihn auch umsetzen – der aber noch nicht zum Leben langt. Oder die nebenbei einen Laden, eine Agentur oder eine kleine Existenz aufbauen, damit es irgendwann einen Arbeitsplatz gibt, der sie wirklich ernährt. Oder die auch Dinge machen wollen, an denen sie Spaß haben, auch wenn die ziemlich brotlos sind.

So sind neue Job-Kombinationen entstanden, wie man es sich nie zu träumen gewagt hätte – bei denen man sich aber unweigerlich fragt: In welches Gebiet wollte ich eigentlich schon immer mal hineinschnuppern? Es gibt Kreuzfahrtbegleiter, die Stadtrundgänge anbieten und Messen organisieren. Mediengestalter, die sich als Visagisten und Galeristen ausprobieren. Masseure, die einen Limousinen-Mietservice aufziehen. PR-Aktionisten, die sich sicherheitshalber als Wachmänner und Vertreter verkaufen. Fußpflegerinnen, die eine Flaute im Studio als Bademeisterin und Zugehfrauen ausgleichen. Und Kauffrauen, die professionelle Ebay-Verkäufer werden, Auktionsratgeber schreiben und Coachings anbieten. Und was können Sie sonst noch?

Übrigens, auch wenn es hart ist, auf diese Weise sein Geld zu verdienen, einen ideellen Wert soll es haben: Wer ständig zwischen mehreren Stellen wechselt, bleibt nicht nur körperlich in Bewegung, sondern auch im Kopf fit, sagen jedenfalls Psychologen. Das beflügelt gerade kreative Menschen und bringt sie auf ihrem Weg weiter. Manche haben das Gefühl, auf mehreren Beinen sicherer zu stehen, weil man ja nie weiß, wie lang ein Job allein noch hält. Andere genießen es sogar, durch einen ausgefallenen Minijob ein bisschen Freiraum für neue Experimente und ihre wirklichen Talente zu haben – und das trotz eng getakteter Arbeitstage. Die Jobhopper knüpfen auf vielen Seiten lockere Kontakte, die später vielleicht mal ihre neuen Kunden werden könnten. Und eines werden sie so schnell mit Sicherheit nicht: Bürohocker mit Bore-out-Syndrom. Das Wort Langeweile muss man ihnen eher irgendwann buchstabieren, damit sie wieder wissen, was das ist. Hoffentlich bleibt aber auch der Burn-out lange ein Fremdwort für sie.

Für manche aber ist es immer noch besser, Multiworker zu sein, als gar nichts zu tun. Zum Beispiel für all diejenigen, die diesen Satz spontan unterschrieben hätten, ohne groß drüber nachzudenken. Oder für Berufsanfänger, bei denen die erste feste Stelle trotz Uni-Abschluss oder fertiger Ausbildung noch auf sich warten lässt. Auch für Arbeitslose, die trotzdem nicht zuhause sitzen wollen, sind mehrere Minijobs eine Idee. Und allemal für künftige Jobwechsler, die den Absprung aus dem sicheren Posten aber noch scheuen und erst einmal den gleitenden Übergang probie-

ren wollen. Oder auch für Rentner, die es im Ruhestand
doch nicht ganz so ruhig haben wollen. Oder die ihn sich
wegen ihrer Minirente finanziell noch nicht leisten können.
Und für Firmengründer, die erstmal noch ein klein wenig
Sicherheit haben wollen, so lange ihr neues Geschäft noch
nicht richtig angelaufen ist.

Wer ganz mutig ist, kann sogar direkt aus den Multijobs
eine neue Firma machen. Das gehört nämlich zu den überra-
schendsten Ideen im Markt der Multiworker: Ein paar
Jobaussteiger haben schon kleine Zeitarbeitsfirmen gegründet, die nichts anderes als Minijobber vermitteln. Vermutlich erst einmal sich selbst und alle anderen zeitweise Unter-
beschäftigten aus ihrem Bekanntenkreis. Und man kann
nicht gerade sagen, dass ihr neues Leben eintönig und
anspruchslos ist: Sie vermieten sich nur selten als Bäckerei-
verkäufer, Regaleinräumer oder Kellner, sondern als Hilfs-
kräfte auf Bohrinseln, Einweiser auf Flughäfen, Mitarbeiter
im Außendienst, Sicherheitsbeauftragte auf Baustellen, Fern-
meldeelektroniker oder VIP-Fahrer für Veranstaltungen.
Sehen Sie es mal so: Manche sehen jeden Tag das gleiche
Büro, andere auch noch einen Teil vom Rest der Welt.

Damit allerdings am Ende die Steuer nicht zu viel vom
Nebenjob sieht, sollten Multiworker ein paar Regeln kennen: Einer ist für alle frei. Grundsätzlich kann jeder von uns
einen Minijob bis zu 400 Euro annehmen, ohne jegliche
Abgaben darauf zahlen zu müssen. Also auch zusätzlich
zum ganz normalen Job, in dem wir sozialversicherungs-

pflichtig angestellt sind. Oder den wir als Selbständige versteuern. Wer nun keine feste Stelle, sondern mehrere Kleinstjobs hat, die jeweils weniger als 400 Euro abwerfen (weil er etwa für fünf Stunden die Woche Kataloge austrägt oder einen Nachmittag im Laden eines Freundes hilft), der muss die Beträge zusammenrechnen. Bleibt er insgesamt unter 400 Euro, passiert nichts. Kommt er aber insgesamt über 400 Euro, fällt er unter die Sozialversicherungspflicht. Dann muss er in die Renten-, Kranken-, Pflegeversicherung einzahlen. Nicht aber in die Arbeitslosenversicherung. Ausgenommen von der Versicherungspflicht ist dabei der zuerst aufgenommene Minijob. Und zwar immer der zeitlich erste, egal wie viel Geld der abwirft. Der Multiworker kann sich also von mehreren kleinen Jobs nicht denjenigen als abgabenfrei heraussuchen, der am meisten Geld einbringt. Die Abgaben, die er aber zahlt, wenn er insgesamt nur zwischen 400 und 800 Euro verdient, sind nicht sehr hoch. Es gilt ein reduzierter Sozialversicherungsbeitrag. Wer 400 Euro und einen Cent verdient, zahlt derzeit zum Beispiel 11 Prozent Abgaben, behält also 360 Euro übrig. Bei 800 Euro Verdienst sind es allerdings schon rund 21 Prozent Abgaben, bleiben ihm noch 632 Euro.

Etwas komplizierter ist es, wenn ein Angestellter einen Hauptjob hat und zusätzlich mehrere Minijobs macht. Angenommen er verdient im Hauptberuf 2.000 Euro und er hat zwei Nebenjobs. Der erste Minijob, den er angenommen hat, wirft monatlich 160 Euro ab. Danach bekommt er einen zweiten mit 200 Euro. Dann gilt der 160-Euro-Job als kom-

plett abgabenfrei, weil er der zeitlich erste war. Das Einkommen aus dem zweiten Minijob muss er zum Gehalt dazu
addieren. Er zahlt dann ganz normal Sozialabgaben auf beide,
den Hauptjob mit 2.000 Euro und den 200-Euro-Minijob, so
als bekäme er nun 2.200 Euro Gehalt.

Es gibt allerdings auch Geld, was dazuverdient werden
kann, ohne dass darauf eine Sozialabgabenpflicht anfällt.
Das sind neben den 400-Euro-Minijobs-Einkünften auch
Einkünfte aus dem Zivildienst, Wehrdienst sowie Einkünfte während der Elternzeit. Und es gibt „besondere Perso-
nen", so nennt es das Gesetz so schön und meint damit: Es
kommt zusätzlich darauf an, was der Verdiener sozusagen
im Hauptberuf macht beziehungsweise, womit er sich Geld
nebenher verdient. Wenn er nämlich Rentner ist, kann er
fast unbegrenzt dazu verdienen. Für Heimarbeiter, Arbeitslose, Auszubildende und Studenten gelten ebenfalls besondere Regeln. So bleiben Studenten und Azubis zum Beispiel frei von Kranken-, Pflege- und Arbeitslosenversicherung, wenn sie wirklich ordentlich studieren oder einen
Ausbildungsplatz haben und weniger als 20 Stunden pro
Woche dazuverdienen.

Und wenn jemand Übungsleiter in einem Verein ist – im
Sportverein, Alpenverein, Feuerwehrverein oder Schützen-
verein –, dann darf er sogar bis zu 2.100 Euro im Jahr steuerfrei als „Aufwandsentschädigung" dazuverdienen. Das
sind immerhin 175 Euro pro Monat. Wenn der Übungsleiter dafür auch noch Fahrtkosten hat, etwa weil er zum

Kurstreffpunkt mit dem Auto fährt, kann er das sogar zum üblichen Kilometergeld ansetzen. Dann bleibt entsprechend mehr Geld steuerfrei.

Und wer genau aufgepasst hat, weiß jetzt: Wenn er trotz Angestelltengehalts chronisch knapp bei Kasse ist, kann er es noch relativ problemlos um 575 Euro monatlich aufbessern. Ohne zusätzliche Abgaben. Wenn er nämlich Übungsleiter wird und sich noch einen 400-Euro-Job sucht. Und alle, denen es schwerfällt, nach einem Minijob zu fragen oder die sich selbst in einer Gesprächsrunde nicht unbedingt als Minijobber vorstellen wollen, weil das so nach Gelegenheitsarbeiter klingt, die sollten es mal damit versuchen: Nennen Sie sich doch „Patchwork-Unternehmer", „professioneller Portfolio-Worker" oder „Mikrounternehmer". Wenn das nicht nach was klingt! Oder erinnern Sie sich einfach an Aristoteles Onassis: Als der 16 war, schuftete er nachts als Portier in einem Hotel und hatte tagsüber drei andere Jobs. Als er starb, war er Milliardär.

Ich habe übrigens auch schon eine Idee für schlechte Zeiten entwickelt, sie kam mir in den letzten Wochen. Da beschloss ich: Ich höre auf zu arbeiten. Ich komme nämlich nicht mehr dazu. Ich wohne – und in meiner Wohnung ist ständig was zu machen. Zweimal kam der Mann von der Telekom, einmal der Schornsteinfeger, dann der Gasableser, zwischendurch der Spülkastenmann und nächste Woche hat sich der Boiler-Reparateur angekündigt. Wenn der fertig ist, ist wahrscheinlich wieder der Schornsteinfeger dran.

All diese Männer haben eines gemeinsam: Sie können nur zwischen 9 und 18 Uhr, und sobald sie sich angekündigt haben, muss rund um die Uhr jemand zuhause sein. Ob er nicht samstags kommen könnte, fragte ich letztens den Boilermann, da hätte ich frei. Er auch, sagte er. Dafür arbeite er montags, meinte er. Ich aber auch, meinte ich. Er wurde laut: Es sei unmöglich, mit Mietern unseres Hauses einen vernünftigen Termin abzumachen. Deshalb habe ich mir für ihn frei genommen. Erst für ihn. Dann für die anderen. Zum Arbeiten komme ich nun nicht mehr.

Wenn das meinen Chef stören sollte, dann werde ich eben im Hauptberuf Mieter. Und warte, bis der Gasmann wieder klingelt. Es gibt bereits Menschen, die haben es als Beruf erfunden, kleine Servicearbeiten für andere zu erledigen: Die besorgen Kinokarten, wenn die Kinogänger zu beschäftigt in ihren Jobs sind, um das selber zu erledigen. Die führen Hunde von Angestellten aus, die tagsüber im Büro hocken und abends zu müde sind, mit dem Hund noch eine Runde zu drehen. Mich kann man bald als Wohnungssitter engagieren, zwischen 9 und 18 Uhr. Falls jemand in der Zeit einen Schornsteinfeger, Reparateur oder Gasmann erwartet.

Ich habe das mal durchgerechnet: Allein unser Haus hat zehn Parteien. Wenn jeder davon einmal die Woche Hilfe bräuchte und dafür, sagen wir, eine Tagespauschale von 20 Euro zahlen würde – was ein Schnäppchen für eine Fachkraft im Wartestand ist –, käme ich auf 800 Euro im

Monat. Fürs Warten. Wenn ich meine Wartekraft nun auch noch auf einige der Nachbarhäuser verteilen und auch anbieten würde, auf Paketzustellungen, Möbellieferungen oder Ökokisten-Abholer zu warten, käme ich locker auf ein ordentliches Monatsgehalt. Ich werde professionell Wartende, und die Zusteller und Handwerker dieser Welt könnten endlich wieder vernünftig arbeiten. Nur … wer passt jetzt auf meine Wohnung auf, während ich bei den anderen sitze?

Gleiche Arbeit – mehr Geld

Ich fühlte mich perfekt vorbereitet: Meine Argumente hatte ich zurechtgelegt, die Liste mit unseren größten Projekten der letzten Monate konnte ich im Schlaf runterbeten und meinen Anteil an den Erfolgen auch. Selbst von den entferntesten Vertretern unserer Branche kannte ich außerdem inzwischen die Bruttogehälter. Am nächsten Morgen würde ich nun zu meinem Chef gehen und ihn souverän überzeugen: Ich bin mehr wert! Ich spiele längst in einer anderen Liga, da gehört mein Gehalt angepasst. Heute kriegt keiner mehr was geschenkt – da gibt es auch mich nicht mehr zum Sonderpreis. Schließlich hängen wir uns jetzt noch mehr rein, um diesen Betrieb durch schwere Zeiten zu bringen. Wäre also nur fair, wenn auch bei uns am Monatsende mal wieder mehr übrig bleibt. Doch in der Nacht hatte ich einen Traum:

Ich atmete schwer, die Wolle drückte auf meine Nase und
ließ mir kaum Luft zum Atmen. Die Schlitze in der
Strumpfmaske waren verdammt klein, um genug zu sehen.
Damit stürmte ich in sein Büro. „Geld her, aber schnell",
hörte ich mich meinen Chef anbrüllen und sah, wie ich
bedrohlich mit einem dunklen Gegenstand vor seiner Nase
herumfuchtelte. Er sah mich ziemlich verständnislos an:
„Welches Geld? Aber wir haben doch gar kein Geld mehr.
Es ist Wirtschaftskrise. Haben Sie schon davon gehört?"
Schweißgebadet wachte ich auf.

Genau so muss man sich doch in diesen Tagen fühlen, wenn
man seinen Vorgesetzten um mehr Gehalt bittet. Wie ein
Schwerverbrecher. Oder ein Bankräuber. Oder nicht? Mal
ganz ehrlich: Jetzt zum Chef zu gehen und mehr Geld zu
fordern, geht so was? Wo die Firma gerade jeden Cent
umdreht und auch schon Kollegen entlässt. Zumindest gut
fühlt sich die Idee nicht an. Da machen uns unser Gefühl
und unser Anstand einen gehörigen Strich durch die Rechnung. Die Wirtschaft schrumpft und mein Gehalt soll
wachsen, das ist doch irgendwie nicht drin. Quatsch, lassen
Sie sich das nicht einreden. Das stimmt nämlich nicht.
Auch in diesen Zeiten gibt es gute Gründe dafür, dass
Chefs den Mitarbeitern, die wirklich gut sind, mehr zahlen.
Längerfristig gesehen sparen sie dadurch sogar Geld.
Klingt unglaublich, stimmt aber. Deswegen gilt: Fragen
kostet nichts.

Zugegeben, die Voraussetzungen, um mehr Geld zu fordern, sind denkbar schlecht. Von Kürzungen und Rückgängen berichten uns die Nachrichten ja derzeit nicht umsonst. Würde man die günstigsten und schlechtesten Zeitpunkte für Gehaltswünsche auf einer Skala von eins (gute Zeiten) bis zehn (schlechte Zeiten) abtragen, kämen wir derzeit sicher mindestens auf eine sieben, wenn nicht sogar acht. Aber: Wer deshalb schon aufgibt, der wird sich wahrscheinlich auch in besseren Zeiten schwertun, seine Idee zu verfolgen und seine Leistung zu verkaufen. Denn wie sagen Gehaltscoaches immer so schön? Letztlich bekommen wir alle nur, was wir verdienen. Und wer von sich selber denkt, er habe sich einen Zuschlag eigentlich gar nicht verdient – der hat es am Ende auch wirklich nicht.

Nur damit wir uns richtig verstehen: Nein, es geht hier nicht um maßlose Forderungen. Und ja, natürlich ist es heikel, ausgerechnet jetzt nach mehr Geld zu fragen. Aber andererseits: Woher wissen wir denn, wann es wirklich wieder besser wird und wie lange wir bis dahin noch warten sollen? Folgte nicht auf den vorigen Abschwung nahtlos der nächste – jedenfalls gefühlt? Und wollen wir wirklich unser Leben damit verbringen, ständig auf bessere, noch bessere oder erst auf richtig rosige Zeiten zu warten?

Dann könnte es uns passieren, dass wir damit auch beim nächsten Mal auflaufen, verrät Gehaltscoach Martin Wehrle: „Nach der Krise argumentieren viele Unternehmen, sie müssten sich erst einmal wieder erholen, bevor sie ihren Mitarbeitern wieder mehr zahlen können." Bei vielen Arbeitgebern sind solche Sätze reine Taktik, um unangemessene Forderungen von vornherein abzubügeln. Und sie haben nicht immer viel mit der wahren Finanzlage der Firma zu tun. Deswegen rät er: Wie an der Börse ist es auch im Gehaltspoker gut, antizyklisch zu fordern. Gehen Sie zum Chef und fragen Sie nach mehr Gehalt, wenn es sonst keiner tut. Denn wenn die Zeiten wieder besser werden, dann tun es alle. Und in solchen Situationen ist erstens der Geduldsfaden des Chefs ultrakurz und zweitens vielleicht wirklich bald kein Geld mehr für Ihre Gehaltserhöhung da. Bei vielen Angestellten sinkt allerdings der Mut, bei schlechten Wirtschaftsdaten zu fordern, dass ihre Leistung besser entlohnt wird. Das ehrt sie, aber es nützt ihnen nicht.

Etwas anderes spielt uns in dieser Zeit dagegen geradezu in die Hände. Das Phänomen ist nämlich eher: Wenn es einer Firma schlechtgeht, kehren ihr auch viele Mitarbeiter den Rücken. Die kündigen dann lieber, bevor sie gekündigt werden. Die guten Leute nämlich, die finden zu allen Zeiten einen Job. Und wenn sie gehen, schmerzt das die Firma besonders. Vor allem wenn der Hauptgrund für den Weggang ist, dass sie das Gefühl haben, unterbezahlt worden zu sein. Das können – und wollen – sich die wenigsten Firmen und Vorstände leisten. Denn sie wissen: Ein Headhunter oder eine quälende Bewerberrunde, um den Posten wieder zu besetzen, kostet mehr als eine Gehaltserhöhung. Natürlich stehen gerade genug Leute auf der Straße und sie würden fast jeden Job gerne besetzen. Aber sehen Sie's mal so: Gerade in diesen Zeiten wünschen sich doch Chefs mehr Stabilität für ihre Teams. Denen ist doch auch daran gelegen, dass wenigstens diejenigen dableiben, die nicht auf den Abbaulisten stehen. Also: Was spricht dagegen, wenn ein guter Mitarbeiter, der bleiben will, auch dafür kämpft? Und falls es sie beruhigt: Rund die Hälfte aller Mitarbeiter träumen nicht nur davon, sondern planen auch tatsächlich, in den kommenden Monaten eine Gehaltserhöhung zu fordern. Sie sollten es vielleicht nur nicht gerade mit der Strumpfmaske anpacken.

Ein Bekannter von mir machte es mal so: Er hatte über Wochen eine Mappe erstellt, die seine besonderen Leistungen auflistete, sich dann einen Termin besorgt und marschierte zum Chef. Mit aufrechtem Gang und stolz geschwellter Brust betrat er das Büro und sagte: „Ich möchte mit Ihnen über mein Gehalt reden. Ich hätte nämlich gern eine Gehaltserhöhung."

Ich kann mir ziemlich gut vorstellen, warum er sie nicht bekommen hat. Wahrscheinlich gefror seinem Chef schon beim ersten Satz das Blut in den Adern. Jedem, der für Budgets und Finanzen zuständig ist, läuft schon beim Wort „Gehälter" ein kalter Schauer über den Rücken. Erst recht, wenn es dann noch in Kombination mit dem Wort „Erhöhung" verbunden ist. Nun bin ich kein Chef, aber mir geht es selbst nicht anders: Langsam reagiere ich auch mit aller-

gischen Anfällen, wenn ich im Radio höre, die Gewerkschaften forderten in ihrer jährlichen Tarifrunde eine Lohn-
erhöhung von mehreren Prozent und drohten notfalls mit
Streik. Ja hören die denn selber nie Nachrichten und hören
die denn nie auf? Wollen die immer nur mehr? Genau das
ist das Problem: Beim Thema Gehalt haben beide Seiten
das Sisyphus-Gefühl: Angestellte haben das Gefühl, sie
schuften und schuften, kommen aber nie bei dem Gehalt
an, das sie gern hätten. Chefs dagegen haben das Gefühl:
Sie zahlen und zahlen, kriegen aber trotzdem nicht genug
Leistung dafür. Das Beruhigende an dieser Situation ist:
Beiden Seiten kann geholfen werden.

Einer meiner Lieblingssätze in zerfahrenen Situation ist:
„mal umgekehrt gedacht." Also habe ich tatsächlich mal
umgekehrt gedacht und mich gefragt, in welchen Situationen ich als Quasi-Arbeitgeber zuletzt freiwillig mehr für
eine Leistung bezahlt habe, als ich gemusst hätte: Beim
Schuster habe ich neulich den Betrag aufgerundet, weil er
mit den neuen Absätzen meine total heruntergelaufenen
Lieblingsschuhe noch gerettet hat. Beim Friseur war ich
einfach nur froh, dass ich vor dem Schneiden nicht viel
erklären musste und meine Frisur trotzdem wieder sitzt.
Und das ist gar nicht selbstverständlich. Es gab Tage, da
hätte ich schreiend aus dem Laden laufen können. Das war
nämlich die Zeit, in der verschiedene Friseure mit mir
zusammen noch nach den größten Wirbeln und widerspens-
tigsten Strähnen auf meinem Kopf fahndeten – und am
Ende doch jedes Mal wieder feststellten, dass wir noch ein

paar übersehen hatten. Aber mittlerweile weiß ich, dass ich die Entscheidung, welche Locke fällt, getrost an meine Stammfriseurin delegieren kann. Außerdem reicht sie mir neuerdings immer einen Gratiskaffee als Schnittzeitüberbrücker. Ich fühle mich umsorgt, das tut gut.

Und noch mal umgekehrt gedacht: In meiner Zeit als Freiberufler habe ich für gute Kunden auch gerne mal kleine, zeitraubende Aufträge angenommen. Das war zwar finanziell selten lukrativ, aber ich wusste, es folgen umso mehr große, gut bezahlte, wenn sie den Eindruck haben, dass sie sich voll auf mich verlassen können. Der Trick ist also nur: Sobald wir sehen, dass wir von einer Leistung extra profitieren, zahlen oder geben wir auch extra dafür. Also müssen wir auch genau diesen Knopf beim Chef drücken.

Es geht eben gerade nicht darum, ihm irgendwie klarzumachen, dass wir gerne mehr Geld hätten. Sondern er muss das Gefühl haben, dass wir für sein Team so gute Arbeit leisten, dass wir auch wirklich mehr verdient haben. Die wichtigsten Regeln sind daher:

• Nicht mit der Tür ins Haus fallen, sondern auch bereits in Leistungsgesprächen, Kollegengesprächen oder in der lockeren Unterhaltung mit dem Chef dezent mal einen Projekterfolg erwähnen, ihre nächsten großen Vorhaben andeuten oder von Kundenlob erzählen. Streuen Sie ein paar Saatkörner, die schon mal vorkeimen können, damit Ihre Gehaltsforderung später besser aufgeht.

- Nicht zu früh und nicht zu viel fordern. Wenn die Gewerkschaften jedes Jahr zur gleichen Zeit ihre Tarifrunden einläuten, haben wir das Gefühl: Jetzt kommen die schon wieder. Aber wer nur alle paar Jahre mal beim Chef anklopft, weil er Angst hat, lästig zu sein, tut sich damit auch keinen Gefallen. Wer lange wartet, erweckt den Eindruck, als leiste und verdiene er nicht mehr, als er ohnehin schon bekommt. Deswegen sagen Gehaltscoaches: Alle eineinhalb bis zwei Jahre sollten Angestellte beim Chef vorstellig werden. Und dann sind 5 bis 10 Prozent schon drin.

- Und so banal es klingt: Auf das Gespräch vorbereiten! Was Personalverantwortliche immer wieder schockiert: Die meisten Angestellten wissen gar nicht, was ihre Arbeit wert ist. Also Gehaltsspiegel vergleichen, bei Branchenverbänden nachfragen. Oder noch besser: Freunde und Kollegen fragen. Genau das nämlich machen wir viel zu selten.

Ich habe das einmal bei einem Abendessen unter Freunden ausprobiert. Einer unserer Bekannten prahlte nämlich gerne, er verdiene „ziemlich gut". „Wie viel denn genau", wollte ich irgendwann mal wissen. Der Erfolg war überwältigend: Er rief puterrot an und haspelte, das sei doch jetzt völlig unerheblich, das könne man auch gar nicht vergleichen, seine Firma zahle eher übertarifliche Gehälter und überhaupt – die ganze zusätzliche Verantwortung und die Überstunden, das sei schon alles so in Ordnung. Ich konnte mir keine genauere Vorstellung machen, was er damit meinte, und fragte noch mal nach. Die Gastgeberin stand daraufhin auf mit dem Satz: „Ich hole dann mal den Nachtisch", und die Freundin des Gefragten hechtete hinterher: „Kann ich Dir denn noch was in der Küche helfen?"

Zum Glück kam in diesem Moment niemand auf die Idee zu fragen, was ich eigentlich verdiene. Ich hätte es am Ende noch gesagt. Und dann hätten wir vermutlich den ganzen Abend über Verhältnismäßigkeiten und Ausbeutung, über unsere Ausbildung und den Wert des Menschen an sich gesprochen. Was er genau verdient, weiß ich bis heute nicht. Aber ich habe daraus gelernt, dass ich diese Frage nur noch stelle, wenn ich jemanden sehr gut kenne, ihm sehr vertraue – und hoffe, dass er dasselbe auch von mir sagen würde. Und wenn die Frage kommt, achte ich darauf, dass dabei immer zwei Zahlen fallen. Von beiden Seiten eine. Das dauert entsprechend lange, aber es rundet auf Dauer nicht nur das Weltbild ab, sondern gibt auch Munition für ein Gespräch mit dem Chef.

Die dritte Regel für Gehaltsgespräche lässt sich auch daraus ableiten:

• Nicht sofort abwimmeln lassen.

„Gehaltswünsche lassen sich sehr leicht abschmettern",
weiß Gehaltscoach Wehrle aus seiner Erfahrung als Perso-
nalchef in einem Großunternehmen: „Zuerst appellieren
Chefs gern an die soziale Ader ihrer Angestellten: Ihr
Gehalt soll doch gerecht sein, im Vergleich mit den Kollegen! Deshalb kann ich es nicht einfach anheben." Der beste
Konter darauf lautet: „Wieso, mein höheres Gehalt zieht
doch die ganze Gehaltsstruktur der Abteilung nach oben.
Damit werden auch die Gehaltssprünge für die guten Kollegen leichter. Das ist doch gerecht."

Ein weiteres beliebtes Chef-Argument: „Ich müsste Ihre
Gehaltforderung vor der Geschäftsleitung vertreten – und
was meinen Sie, welchen Ärger ich mir angesichts der jet-
zigen Auftragslage einhandele?" Was Ihr Chef dabei geflis-
sentlich unterschlägt: Er vertritt ja nicht nur die Interessen
der Geschäftsleitung – sondern auch die seiner Mitarbeiter.
Also auch Ihre. Darauf stößt er Sie natürlich in dieser Situation nicht so gern. Aber Sie selbst könnten ihn vielleicht
dezent daran erinnern.

Geht nicht gibt's also nicht: Viele Mitarbeiter werten ein
erstes „Nein" in der Gehaltsverhandlung schon als endgül-
tige Entscheidung. Sie geben aber damit vorschnell auf.
Denn die Hartnäckigen wissen: Jetzt geht die Verhandlung
erst richtig los!

Es gibt allerdings Sätze, die Sie für Ihre Gehaltsverhandlung am besten ganz schnell wieder vergessen sollten. Mir

selbst ist mal folgender Satz in so einer Verhandlung herausgerutscht: „Ich arbeite hier gerne und habe gute Leistungen gebracht. Das Team und mein Job, all das motiviert mich, aber wir müssten noch mal über das Gehalt sprechen." Damit habe ich meinem Chef gleich einen riesigen Angriffspunkt auf dem Silbertablett präsentiert. Er antwortete: „Freut mich, wenn Sie hier gerne arbeiten. Bestimmt wollen Sie auch hier bleiben, oder? Wir bieten Ihnen deshalb eine interessante neue Herausforderung: Sie wuppen unser neues Großprojekt und danach passen wir dann Ihr Gehalt an. Im Moment können wir uns das nämlich leider nicht leisten."

Was sollte ich sagen? Ich hatte einen Großteil meines Pulvers schon verschossen. Er wusste, dass ich gerne bei ihm arbeitete und neue Aufgaben suchte. Er hatte als Köder eine Gehaltserhöhung in Aussicht gestellt, aber erreicht hatte ich erstmal nichts. Außer noch mehr Arbeit für das gleiche Geld. Zum Glück fiel mir noch eine Frage ein: „Das heißt, Sie sind mit meiner Arbeit zufrieden?" Er nickte. Ich fragte, ob wir das so festhalten könnten, genau wie die anstehende Gehaltserhöhung, wenn ich das Großprojekt über die Bühne gebracht hätte. Ich hatte ganz knapp die Kurve gekriegt. Seitdem habe ich mir geschworen, immer die andere Seite solcher Gespräche durchzuspielen und mir zu überlegen, was ich selbst als Chef auf einen Satz antworten würde. Demnach kann ich folgende Sätze für Gehaltsgespräche gar nicht empfehlen:

- Sätze, die Sie nie sagen sollten, sind: „Ich brauche das Geld." Es sei denn, Sie möchten vor Ihrem Chef dastehen als jemand, der mit seinem Geld partout nicht umgehen kann.

- Ganz schlecht ist auch: „Die anderen in unserer Abteilung bekommen auch mehr." Haben Sie schon mal daran gedacht, dass die vielleicht auch mehr leisten? Und selbst wenn nicht: Wie bringen Sie das dem Chef bei, ohne die anderen anzuschwärzen? Das bringt Ihnen nämlich auch keine Punkte ein.

- Beliebt ist auch das Argument: „Ich bin schon so lange in der Firma." Was soll der Chef darauf antworten? Sind wir hier im lustigen Beamtenstadl, wo nach Zugehörigkeit befördert wird und man sich durch bloßes Aussitzen seine Gehaltsbasis verbreitert?

- Ein verständlicher, aber nicht unbedingt überzeugender Ärger macht sich in dem Satz Luft: „Wir haben so viel Arbeit." Nun, wenn Sie ihr nicht gewachsen sind, dann müssen sie eben woanders hingehen.

- Oder noch fataler, wenn Sie sagen: „Ich möchte mehr Geld, oder ich gehe." Ihr Chef könnte in die Verlegenheit kommen zu antworten: „Ja, dann gehen Sie doch!" Das wäre von ihm nicht gerade die feine Art. Aber was haben Sie getan? Sie haben ihm überhaupt keine Wahl gelassen, Sie haben ihn in die Enge getrieben, sich vor ihm aufgebaut, die Waffe gezückt und mit anderen Worten gesagt: „Geld her, oder es knallt." Aber er war schneller am Abzug.

Drohungen sind sowieso nie geschickt in solchen Verhandlungen. Aber auch falsche Köder sind nicht unbedingt clever. Sie könnten sagen: „Wenn Sie mir mehr zahlen, dann packe ich auch künftig mehr an." Und Ihr Chef würde antworten: „Ja haben Sie das etwas bisher denn nicht getan? Das hieße ja, dass Sie bisher nur auf Sparflamme gelaufen sind." Und dann gibt es noch Sätze, die einen Chef so kalt lassen, dass er darauf wahrscheinlich nicht mal etwas erwidern wird, außer vielleicht einem müden Lächeln: „Sie wissen doch, das Leben wird immer teurer!" „Erst haben wir das Haus gebaut und jetzt noch die Kinder ..." „Meine Mutter kommt jetzt ins Pflegeheim, wir können uns das sonst alles nicht mehr leisten." „Dann gehe ich eben zur Konkurrenz!"

Was ihn dagegen überzeugt: Wenn Sie ihm schwarz auf weiß vorlegen können, dass Sie eine Stütze Ihrer Abteilung sind, in den vergangenen Monaten mehr geleistet haben als vorher, und dass er dank Ihnen selbst Erfolge verbuchen kann und vor seinem Chef nun gut dasteht. Daran gebührt Ihnen ein Anteil, das wird er vielleicht sehen. Ihm diese Punkte klarzumachen ist gar nicht so schwer, wenn Sie regelmäßig ein Leistungstagebuch führen, in dem besondere Erfolge, Sonderaufgaben oder Projekte festgehalten werden. Welche Kunden haben Sie gewonnen oder besonders zufriedengestellt? Wo haben Sie der Firma Ausgaben erspart? Welche außergewöhnlichen Aufgaben haben Sie gemeistert? „Versetzen Sie sich in Ihren Chef. Dann wissen Sie auch, welche Ziele er verfolgt und wie Sie ihn durch Ihre Leistung dabei unterstützen", rät Wehrle. Argumente, die genau das betonen, womit ihr Chef punkten kann, funktionieren am besten. Dann erscheint die Gehaltserhöhung nicht so sehr als Ausgabe – sondern als Investition.

Und falls der Vorgesetzte dann doch verhandeln will, weil er zwar grundsätzlich einsieht, dass Sie mehr verdient haben, als Sie bekommen: Lassen Sie mit sich handeln. Fassen Sie am besten drei Gehaltsziele ins Auge, ein Maximalziel, mit dem Sie die Verhandlung eröffnen. Ein Minimalziel, unter das Sie sich nicht drücken lassen. Und ein Alternativziel, das sich auch in Krisenzeiten leichter durchsetzen lässt. Zum Beispiel eine Prämie, die bei Erfolg eines Projektes gezahlt wird. Einen Dienstwagen, einen Weiterbildungszuschuss oder einen Zuschuss zur Kinderbetreuung, weil der Chef solche Dinge leichter springen lassen kann, auch wenn er knapp bei Kasse ist. Denn mit solchen Vergünstigungen für seine Mitarbeiter spart er sogar Steuern. Und wie wäre es damit, öfter mal nach einer erfolgsabhängigen Vergütung zu streben? „Viele Angestellte nehmen lieber das Fixgehalt", sagt der Coach, „dabei fahren sie mir einer variablen Vergütung oft viel besser." Und die motiviert auch mehr.

98 Und bloß nicht in die „Sozialfalle" tappen oder die „Krisenfalle", sondern immer bedenken: Durch ein hohes Gehalt schaden Sie niemandem. Die Firma geht deswegen nicht gleich pleite – im Gegenteil, es kostet sie mehr, einen neuen Mitarbeiter einzuarbeiten, wenn Sie aus lauter Frust über das Gehalt gehen. Gerade jetzt.

Einer der tollsten Ratschläge, die man jemandem geben kann, der gerade knapp bei Kasse ist, ist der: „Dann gibst Du eben mal weniger aus." Er ist gut gemeint, aber ungefähr so hilfreich, als sagte man jemandem, der unter Fettsucht in fortgeschrittenem Stadium leidet, „dann iss doch einfach mal ein bisschen weniger." Oder als gäbe ein Radtrainer seinem Schützling vor der Tour de France mit auf den Weg: „Und wenn dich die anderen wieder am Berg überholen, dann fährst du einfach mal ein bisschen schneller."

Einfach mal weniger ausgeben – geht das überhaupt? Zumindest geht es nicht so einfach. Oder zumindest wird es umso schwieriger, je länger der Zeitraum wird, über den sich das „mal" erstreckt. Mal eine Woche lang wenig Geld ausgeben, abends mal zuhause bleiben statt in den Biergarten zu gehen und von Reserven zu leben, die noch im Vorratsschrank stehen, statt zum Essen ins Restaurant oder zum Großeinkauf beim Biohändler. Das geht schon. Das spart auch ein paar Euro. Sagen wir mal, rund 50 Euro pro Woche. Als kurzfristiges Sparprogramm für die letzte Woche im Monat, bevor die neue Gehaltsüberweisung kommt, ist es durchaus geeignet. Aber ohne Perspektive und ohne absehbares Ende dürften wir uns mit der Devise schwertun.

Denn die Frage dabei ist doch: Wie lange hält man das durch, bis der Speiseschrank leer ist und auch die Rate der

Sozialkontakte stark gegen Null tendiert? Auf wie viel Leben da draußen mag man langfristig verzichten, nur um Geld zu sparen, wenn man nun nicht gerade der Mensch ist, der sich gern einigelt und die eigenen vier Wände auch mal gerne verlässt?

Weniger ausgeben ist also einerseits eine Frage des Zeitraumes und andererseits immer auch eine Frage der Prioritäten. Es gibt immer wieder Sparkünstler, die uns vorleben, dass man auch ganz ohne Geld glücklich sein kann. Selbst in diesem Land. Es gibt Menschen, die auf einer Scholle Acker wohnen und eine Lebensweise perfektioniert haben, die aus Selbstversorgung und Nullkonsum besteht. Die Kartoffeln Marke Eigenbau züchten. Die Pullis aus dem Sack vom Roten Kreuz aufribbeln, um daraus neue Socken zu stricken. Die im Wald nach Pilzen und Beeren suchen und sie über selbst geschlagenem Holz aufkochen. Es gibt Bücher, die uns sagen, wie wir unser Leben simplifizieren und entrümpeln können und einfach mit weniger auskommen.

Aber wie wäre es, wenn wir uns gar nicht von allzu vielen liebgewordenen Dingen trennen müssten? Das geht nämlich auch, wenn wir uns stattdessen erst einmal hinsetzen und einen Kassensturz der anderen Art machen: An was wollen wir unbedingt festhalten – weil es zu unserem Leben dazugehört und Lebensqualität bringt? Wo ist etwas schon so selbstverständlich geworden, dass wir gar nicht mehr darüber nachdenken – zum Beispiel darüber, ob wir es nicht auch irgendwo anders dauerhaft billiger bekommen könnten? Und wo geben wir viel Geld aus, ganz ohne etwas dafür zu bekommen?

Die letzten zwei Stellen sind diejenigen, bei denen es einfach ist, weniger auszugeben, damit wieder mehr übrig bleibt, selbst wenn das Geld knapp wird. Und da halten wir es dann auch durch, weil es da auch nicht weh tut – wetten?

Die konsumistische Nulldiät dagegen ist anstrengender, als man denkt. Aber sie ist ein spannendes Experiment, wenn man wissen will, mit wie wenig Geld man zur Not wirklich auskommen würde – und was einem am Ende wirklich so wichtig ist, dass man nicht darauf verzichten möchte.

Es gab mal eine Zeit, da hatte ich zwar viel Arbeit, aber nur wenig Geld. So wie jeder andere ordentliche Student auch, den ich kannte. Aber diesmal war es so wenig, dass am Ende des Monats wirklich das Konto leer war. Ganz leer. Und die Bank hatte mir den Überziehungskredit noch nicht eingeräumt. Schließlich wisse man ja bei Studenten nie … Es war der Abend, an dem mich ein paar Freunde anriefen, die in die Kneipe gehen wollten. Ich wollte auch, traute mich aber nicht, ihnen zu sagen, dass mir das Geld dafür fehlte. Also antwortete ich, ich müsse noch lernen und überlege es mir.

Aber schon nach einer halben Stunde merkte ich: Das Ganze wurmte mich so, dass ans Lernen nicht zu denken war. Alle waren in der Kneipe. Ich nicht. Ich saß daheim, obwohl ich doch etwas dafür getan hatte, dass ich mir das Vergnügen eigentlich auch hätte leisten können. Konnte ich etwas dafür, dass meine Auftraggeber das Geld so spät überwiesen? In dem Moment beschloss ich, trotzdem loszuziehen. Mit den buchstäblich letzten zwei Euro für diesen Monat in der Tasche. Ein kleines Wasser würde ich dafür wohl gerade noch bekommen. Und den Rest des Monats eben von Tütennudeln leben. So weit kam es aber nicht, weil meine Freunde und ich in der Kneipe einen Pakt schlossen: Bevor es einem von uns so ginge, dass er in so einem Fall zuhause bleiben müsste, lädt ihn einer von den anderen ein – oder wir treffen uns beim nächsten Mal nicht auf ein Bier in der Kneipe, sondern auf ein Leitungswasser im Park. Seitdem weiß ich, dass ich zwar ohne viel Geld auskommen kann, aber dass es für mich dazugehört, genau diese Menschen zu treffen.

Ehrlich gesagt hatte ich aber seitdem keine große Vorstellung davon, wie weit ich heute eigentlich noch ganz ohne Geld kommen würde. Ein paar Euro oder eine Bankkarte hat man ja eigentlich immer dabei. Und aus ganz großer Not – und Vergesslichkeit – hat einen bisher immer noch ein guter Kumpel gerettet, bei dem man sich später revanchiert. Aber was ist, wenn man mal alleine dasteht, wenn man das Portemonnaie vergessen hat, die Bankkarte gesperrt ist oder das Konto blank? Wie weit kommt man an einem Tag ohne Geld in einer deutschen Großstadt? Ich habe das vor ein paar Monaten mal getestet.

Schon beim Frühstück wird mir klar: Dieser Tag wird nicht nur meine Psyche auf eine harte Probe stellen, sondern auch meine Konstitution, zumindest meinen Magen. Denn Bärlauchbrot zum Frühstück, das hätte ich mir im Traum nicht ausgemalt. Ich bin ein Marmeladenbrotmädchen, ich frühstücke nie deftig. Normalerweise nie. Aber heute ist nichts normal.

Ich habe kein Geld – für einen Tag. Bin ohne Portemonnaie, ohne EC-Karte und auch sonst ziemlich mittellos unterwegs, um zu testen, wie weit man in einer reicheren deutschen Großstadt kommt. Gibt es nicht an jeder Ecke irgendwas umsonst? Im Internet habe ich gelesen, dass Privatleute Bügelmaschinen, Katzenbabys und eine „Schrankwand Eiche rustikal" umsonst abgeben. Verkäufer haben mir schon Obst eingepackt, Kaffeebohnen mit Schokoüberzug geschenkt und Zeitungen für Zugfahrten. Da müsste man doch auch mal einen Tag durchkommen ganz ohne Geld. Leben von Gratisproben.

Als ich heute Morgen loszog, war ich noch fest davon überzeugt, irgendwo eine Rosinenbrotecke zu erwischen. Die stehen doch sonst in jeder Bäckerei auf der Theke: Brotwürfelchen und Rosinenschnecken – auf Zahnstochern zur Verkostung bereit. Ich würde mich also einfach in die längste Bäckerschlange einreihen, die ich finden könnte, müsste nur eine Weile die unentschlossene Kundin geben, die sich nicht entscheiden kann zwischen Mohn und Sesam, oder doch lieber Kürbiskern? Und würde mir in der Zeit ein Frühstück zusammenfuttern und dezent wieder verschwinden.

Nur müsste ich sie dazu erst finden, die Brotwürfel. Ich weiß nicht genau, wann die Bäcker das Aufstellen von Probiertellern abgeschafft haben. An diesem Morgen und in dieser Stadt jedenfalls gibt es keine mehr. Dabei sind es sechs Kilometer von meiner Wohnung bis in die Innenstadt. Sechs brotlose Kilometer, wenn man noch nichts gegessen hat. Nur die Aussicht auf die Markthalle treibt mich an. Sie ist mein erstes erklärtes Ziel, denn da darf man alles testen, vom Apfel bis zur Zimtschnecke.

Das Erste, was mir eine Marktfrau tatsächlich lächelnd entgegenhält, sind Weißbrotscheiben mit Bärlauchpesto. Ich schlucke. Aber nach dem Fußmarsch denke ich: Wer weiß, was es heute sonst noch gibt? Also greife ich zu. Sie erklärt mir unterdessen das Sortiment, und ich probiere kräftig: erst ihren Tomatenaufstrich, dann die neue Schnittlauchcreme, schließlich das Petersilienpesto und die Paste aus Ruccola mit Knoblauch. „Gut", sage ich kauend und nickend, „aber vielleicht doch einen Hauch zu krautig. Nicht ganz mein Geschmack." Danach verkrümele ich mich schnell. Und weiß genau, sie sieht mir wütend nach.

Meine Beute beläuft sich nach einer Stunde auf immerhin zwei Käsewürfel, eine kandierte Ingwerscheibe, eine Salamischnitte, drei Oliven und mehrere Wasabi-Erbsen. Bei jedem Griff zum Zahnstocher lächeln mich die Verkäufer noch an. Aber ich ernte böse Blicke, sobald ich ohne Einkauf wieder abziehe. Sie geben gern umsonst, aber nur demjenigen, der das eigentlich nicht braucht. Dem, der Geld hat und ohnehin etwas kauft.

Dabei will ich ja nicht schnorren. Ich wäre ja bereit zur Gegenleistung. Könnte mir ein bisschen Geld verdienen, um die Ebbe im Portemonnaie wettzumachen, denke ich. In der Fußgängerzone hat sich ein Trupp Mexikaner mit Trommeln und Trompeten aufgebaut. Ich beobachte sie eine Weile, ihnen fehlt ein Sänger. Es ist nicht leicht, sich hier als Straßenmusikant anzudienen, denke ich. Aber vielleicht doch die einfachste Art, sich ein paar Euro zu verdienen. Ein Leben als Straßenmusikant, das hat etwas Wildromantisches. Dummerweise ist Singen überhaupt nicht mein Ding. Selbst wenn ich damit anfinge, da bin ich ganz sicher, würde ich vermutlich keinen Cent damit verdienen. Es sei denn, jemand würde Geld dafür geben, dass ich wieder aufhöre.

Ich schlendere weiter, da kommt mir die Idee: Betont lässig gehe ich an den Marktforschern vorbei, die hier täglich nach Freiwilligen für ihre Umfragen suchen, die sie dann in den dritten Stock des Bürobaus verschleppen. Als Student habe ich so mal die Teilnahme an einer Grünteeverkostung gewonnen, Waschmittel erschnuppert und Frühstücksflockenverpackungen bewertet. Als Dankeschön fürs Teeschlürfen, das weiß ich noch, durfte ich mir nach einer halben Stunde ein Dankeschön aussuchen: eine Schachtel Cognacbohnen oder das Raumspray „Rosenduft". Ich ließ beides stehen. Heute würde ich die Cognacbohnen nehmen. Oder wer weiß, vielleicht haben die Marktforscher ja heute sogar Kekse im Dankeschönprogramm. Ich rechne mit allem, nur nicht mit einem: Heute bin ich gar nicht ihre Zielgruppe. Sie suchen Tester für Kosmetik – Männerkosmetik.

Am Nachmittag regnet es. Ein Schirm wäre jetzt schön. Den habe ich zwar nicht dabei, aber den gibt's für 2 Euro 49 gleich in der Drogerie gegenüber. Doch das ist gerade verdammt weit entfernt. Deshalb fliehe ich in ein Einkaufscenter. Marmorboden, Glaslüster, Designerläden. Sonst komme ich nie hierher, es ist mir zu schick, selbst die Toilette kostet Geld. Neben dem Blumenladen an der Rolltreppe sitzen zwei Anzugträger im Café. Sie sprechen über Cashflows und Kreditlinien. Ich fühle mich falsch, gerade heute, und suche den Ausgang. Ich frage mich, wie solche Szenen auf jemanden wirken, der nicht bloß einen Tag ohne Geld ist. Sondern schon jahrelang. An der Tür drückt mir eine Werbeassistentin im weißen Business-Blazer ein Pröbchen in die Hand: Wellnesstee, Hibiskus im Probierbeutel. Prima, jetzt fehlt mir nur noch heißes Wasser. Oder ob es auch mit kaltem geht? Draußen ist schließlich ein Brunnen.

Ein paar Stunden streife ich ziellos durch die Stadt. Fühle mich wie eine Rastlose, Getriebene, eine, die nirgends

ankommt. Setze mich ab und zu vor einem Kaufhaus auf
eine Bank. Ich sehe zu, wie all die Leute strammen Schrit-
tes in die Konsumtempel hasten und mit großen Tüten
wieder heraus. Eigentlich bräuchte ich mich nur vor eines
der Schaufenster zu setzen und einen Becher aufzustellen
oder meine Mütze auf den Bürgersteig zu legen. Im
Moment wäre mir das noch schrecklich peinlich. So wie ich
heute aussehe, würde wohl auch noch niemand etwas hin-
einwerfen. Aber in ein paar Wochen? Wäre ich auch dann
noch zu stolz oder wäre es mir irgendwann herzlich egal?

Abends schlurfe ich heim, müde und irgendwie glücklich,
dass der Tag bald zu Ende ist. Noch immer habe ich einen
Rest Bärlauchgeschmack im Mund. Viel mehr ist seitdem
ja auch nicht dazu gekommen. Was auch? Die Dönerbuden
im Bahnhofsviertel sehen jeden Tag in so viele abgewrack-
te Gesichter, dass sie gar nicht erst anfangen, auch nur ein
Brötchen umsonst rauszurücken. Sonst könnten sie gleich
dichtmachen. Selbst bei der Currywurstbude neben der
Innenstadtbaustelle ist nichts zu holen. Und Metzger sind
auch nicht mehr das, was sie mal waren. Die Fleischwurst-
scheibe auf die Hand gibt es nur für Menschen unter einer
Körpergröße von 1,50 Meter und für solche, die so aussehen, als ob sie mal Stammkunden werden wollen.

Wenn ich jetzt einen Computer hätte, könnte ich mir im
Internet einen dieser Coupons herunterladen, mit denen
man sich in Geschäften eine Teeprobe abholen kann, eine
Tütensuppe geschenkt bekommt oder sogar einen Burger

von McDonalds oder Burger King.[8] Sonst esse ich das nicht, aber heute ist ein Notfall. Aber ein Computer ist für jemanden in meiner Situation ja schon ein heilloser Luxus. Und wie komme ich damit dann umsonst ins Internet? Selbst jede moderne Kaffeehauskette würde mir heute wohl etwas husten, wenn ich zur Revanche nicht einmal einen Kaffee bei ihnen trinken würde. Mein Blick wird im Lauf des Tages der eines Suchenden: Er scannt die Tische neben Wurstbuden darauf ab, ob ein Voresser dort vielleicht sein Brötchen achtlos liegenlassen hat. Oder ob dem Gemüse-stand am Markt vielleicht ein Apfel weggekullert ist. Die Augen schweifen, ob nicht doch irgendwo ein Probierteller in Reichweite steht.

Auf den letzten Metern dieses Tages springt mich der Satz von einem Plakat an. Normalerweise übersehe ich so etwas. Schließlich wollen sie einem immer verkaufen, was man gar nicht braucht. Aber dieses hier ist wie ein Lichtblick: Es prangt am Supermarkt nebenan: „Heute bekommen Sie an der Kasse eine Überraschung geschenkt." Wie ferngesteu-ert laufe ich in den Laden, ignoriere tapfer all die Lebens-mittel in den Regalen und stelle mich brav an der Kassen-schlange an. Als mich die Kassiererin merkwürdig ansieht, weil ich mit leeren Händen vor ihr stehe, setze ich mein breitestes Grinsen auf. Ich sage ihr, ich hätte leider nicht das gefunden, was ich suchte, ob ich die auf dem Plakat ver-sprochene Überraschung denn trotzdem bekäme? Sie

---

8 Zum Beispiel bei www.online-tee.de, www.gefro.de, www.burgerking.de, www.mcdonalds.de.

stutzt, ihr Blick huscht über meine Jacke, einmal von oben bis unten über mein komplettes Outfit und wieder zurück in mein Gesicht. Für einen Moment scheint sie zu überlegen, ob sie mich einfach wegschicken oder Hilfe rufen soll. Dann drückt sie mir zwei Schokoladenbonbons in die Hand und sagt: „Na gut, weil Sie es sind."

Gratis leben … das geht. Wenn man es nur für kurze Zeit versucht und extremer Wenigesser ist. Was es aber wirklich heißt, ganz ohne Geld zu sein, das ahnt man dabei höchstens.

Schnäppchenjäger und Fabrikeinkäufer

Ganz fest hatte ich mir eigentlich vorgenommen, dass mir das nicht passieren würde. Und dann das: Mit drei Tüten sah ich mich durch die Straßen des riesenhaften Shoppingparadieses schlendern, das aussieht wie eine Mischung aus Disney-Land und Westernstadt. Insgeheim wartete ich darauf, dass hinter der nächsten Hausecke gleich einer der Revolverhelden hervorspringen würde, um mir mit seinem Colt vor der Nase herumzufuchteln: „Hey Konsumgirl, ich bin's, Dein schlechtes Gewissen. Du hast drei dicke Einkaufstüten in der Hand – dabei wolltest Du nichts kaufen. Hast Du mir fest versprochen. Und nun: Zieh! Diese Stadt ist zu klein für uns beide."

Hilft es, wenn ich sage, dass meine Freundin mich zu diesem Einkauf angestiftet hat? Es hilft nicht, fürchte ich. Schließlich hat sie mich nicht gezwungen, diesen sündhaft schicken Anzug anzuprobieren und den gelben Schuhen zu erliegen. Und dann gleich noch ein zweites Paar anzuziehen. Nur mal so – zur Probe. Nur um dann festzustellen, dass sie zufällig passen wie angegossen. Sie hat mir nicht die Hand geführt, als die an der Kasse die Kreditkarte auf den Tisch legte.

Das Einzige, was ihre Schuld daran ist: Sie wollte unbedingt mal eine dieser Fabrikverkaufstädte sehen, hat sie gesagt. Sie sei noch nie in diesen „Factory-Outlet-Villages" gewesen, von denen andere immer so viel reden. Vor allem jetzt, wo Geldsparen wieder richtig schick ist. Und wo das Radio fast täglich Werbung damit macht, dass eine dieser Shopping-Citys „eine wahre Entlastung für die Börse ist", weil man in ihnen „zu viel besseren Kursen einkaufen" kann. Erleichtert war meine Geldbörse anschließend wirklich. Aber irgendwie hatte ich mir das anders vorgestellt. Wie also konnte das passieren?

Ich oute mich zwar hiermit, in Sachen Kleidung ein bekennender Spaßshopper zu sein und gelegentlich aus reinem Vergnügen einkaufen zu gehen. Wenn ich nämlich wirklich etwas besorgen muss – eine neue Hose oder eine knitterfreie Bluse –, dann gibt es das, was ich suche, nie in meiner Größe oder Farbe. Schlendere ich allerdings nur so in ein Geschäft, um mal zu gucken, was die neue Sommerkollektion hergibt, finde ich immer etwas Passendes. Aber heute hatte ich mir fest vorgenommen, wirklich nur zum Gucken mitzufahren. Und den eigentlichen Grund, aus dem es diese Konsumtempel gibt, zu ignorieren. Sie sollen Menschen animieren, Dinge zu kaufen, die sie gar nicht brauchen. Und dann schaffen sie es auf eine geheimnisvolle Weise auch noch, uns selbst von dem Überflüssigen viel mehr anzudrehen als nötig. Aber ich weiß jetzt immerhin, wie das funktioniert.

In Outletshops und Fabrikverkäufen geraten oft selbst eingefleischte Konsumvermeider in den Kaufrausch. Man könnte sagen, wir geraten in einen reflexhaften Extremzustand des „Habenwollens", weil wir einen Teil unseres Gehirns lahmlegen. Den Teil nämlich, der normalerweise für den Preis- und Leistungsvergleich zuständig ist. Ein Wort reicht, um das alles auszulösen: das Wort „Rabatt".

Gegen dieses Wort ist keiner gefeit. Auch wenn wir uns das oft erfolgreich einreden, dass wir autonome Konsumenten sind und mit Verstand einkaufen: 80 bis 90 Prozent der Entscheidungen beim Kauf, so schätzen Forscher, laufen unbewusst ab. Dabei fragt uns unser Gehirn nicht einmal, für welches Produkt wir uns entscheiden würden oder ob sich das Mitnehmen überhaupt lohnt. Es ist nun aber auch nicht so, als seien wir komplett machtlos. Wir müssen die Mechanismen, die in uns ablaufen, nur erstmal kennen. Und können das Denken beim Einkauf ja auch schon auf das Vorfeld oder den Nachgang verlegen.

Sind wir dagegen erstmal unterwegs und taucht beim Einkauf auch noch das Wort Rabatt auf – wahlweise auch Sonderangebot, Schnäppchen oder Preisnachlass genannt –, dann ist es fast um uns geschehen. Dann entscheiden wir überhaupt nicht mehr, sondern unser Gehirn übernimmt die volle Kontrolle. Es funktioniert ähnlich, aber doch etwas anders als beim Gratis-Reflex: Beim Auftauchen des Wortes Rabatt oder beim Anblick von Rabattzeichen springt sofort der Lustkern im Gehirn an. Das haben Forscher der Universität Bochum gezeigt. Sie schoben Probanden in einen Kernspintomografen, zeigten ihnen Ankündigungen für Sonderangebote und zeichneten auf, welche Areale im Gehirn aktiviert wurden. Das Ergebnis: Der Lustkern im limbischen System war nicht nur aktiviert und signalisierte damit das „Habenwollen", sondern er schaltete auch gleichzeitig das Großhirn aus. Das aber ist normalerweise dafür zuständig zu fragen: Brauche ich das, was da angepriesen wird, überhaupt? Und wenn ja, was wäre dafür ein angemessener Preis? Der Verstand setzt also aus, die Gier gewinnt.

Genau deshalb ist das Wort Rabatt auch das Hauptargument jedes Outletstores und Fabrikverkaufs. Mit Sätzen wie „Preisnachlass bis zu 70 Prozent in luxuriösen Stores" oder „bis zu 60 Prozent Rabatt auf 85 Designermarken" locken sie die Kunden in Prospekten, Print-, Radio- oder Fernsehwerbung an. Prompt schalten wir in den „da muss ich hin, das will ich haben"-Modus und setzen uns sogar hunderte Kilometer in Bewegung, um in die künstlichen Kaufstädte zu fahren.

In denen passiert dann kurz gesagt Folgendes: Wir haben keine Einkaufsliste, die wir abarbeiten könnten. Schließlich wissen wir gar nicht, was es in den Läden geben wird. Also stöbern wir und finden, was wir gar nicht suchten. Denn irgendwas finden muss man ja. Wer will schließlich hundert Kilometer umsonst hierher gefahren sein, ohne wenigstens mit einem Schnäppchen wieder zu verschwinden?

Oft haben wir auch keine genaue Vorstellung von den üblichen Preisen der Luxuslabels. Zuhause schauen wir schließlich selten danach, da sind sie uns zu teuer. Hier aber sind sie das nicht. Da reicht die bloße Ankündigung, dass alle Strenesse-Anzüge, Prada-Taschen oder Boss-Anzüge um die Hälfte reduziert sind, damit wir uns im gefühlten Preisparadies befinden. Die Ankündigung von solchen Nachlässen ist raffiniert. Denn dabei spielen sich zwei Dinge ab: „70 Prozent billiger", das heißt, so kann unser Hirn gerade noch überschlagen, dass hier alles um Zwei-Drittel billiger ist als üblich. Und damit fast geschenkt. Selbst wenn der Nachlass viel kleiner ist, klappt das noch zuverlässig: Sätze wie „20 Prozent auf alles außer Tiernahrung" bewirken sogar bei Baumärkten größere Umsatzschübe. Und zwar auch erheblich größere, als würden sie alle Produkte einfach um genau diese 20 Prozent reduzieren und den Pinsel für 1,20 Euro statt 1,50 Euro verkaufen. Es ist allein die Pauschalaussage, die uns reizt. Und uns vorspiegelt, wir machten einen Riesenreibach – denn wirklich nachrechnen, was wir sparen, tun wir auf die Schnelle nicht.

Dass wir uns also beim Pinselkauf wegen schlappen 30 Cent zum Zugreifen haben verleiten lassen, erspart uns unser Hirn an der Stelle lieber. Unser Hirn springt auf die Aussicht auf Gewinn an. Erst recht bei großen Summen. Forscher nennen das den Framing-Effekt. Der bewirkt, dass uns ein Produkt automatisch attraktiver erscheint, wenn nicht draufsteht, was wir dafür bezahlen müssen, also an Geld verlieren, sondern was wir als Rabatt bekommen: „250 Euro gespart" wirkt also beim Sofa oder Anzugkauf erheblich stärker als „nur noch 300 Euro zahlen". Es ist die Aussicht auf den vermeintlichen Gewinn, die uns zum Kauf verleitet.

Nicht nur beim Konsum wird unser Gehirn von drei großen Emotionsbereichen gelenkt: Dem Stimulanzsystem, dem Balancesystem und dem Dominanzsystem. Das Stimulanzsystem treibt uns zum Genuss, zum Kauf, zur Abwechslung und Unterhaltung und ist auch gleichzeitig so etwas wie das Suchtzentrum unseres Gehirns. Es will immer mehr. Aber es hat einen Gegenpol: das Balancesystem. Das befiehlt Mäßigung und rät dazu, auch möglichst wenig Risiko einzugehen. Oder uns zumindest die Folgen unseres Tuns bewusst zu machen. Es schaltet sich bevorzugt ein, wenn es um besonders weitreichende oder teure Produktkäufe geht. Das dritte System, das Dominanzsystem, wiederum kommt ins Spiel, wenn wir uns mit besonders exklusiven Produkten auseinandersetzen. Mit Statusprodukten, die uns von anderen abheben. Und deren Preise, so würde das Balancesystem mahnen, wir eigentlich nicht

guten Gewissens bezahlen können. Wir tun es aber trotzdem manchmal, weil wir mit dem teuren Anzug oder dem
großen Wagen ein Zeichen setzen und andere in die Schran-
ken weisen.

Alle drei Emotionen sind beim Einkaufen im Spiel. Und
das ist auch gut so, weil sie uns letztlich helfen zu entscheiden. Weil sie alle drei wichtige Rollen erfüllen: Sie
machen uns einerseits zufrieden, sie verhindern andererseits, dass wir uns ins Unglück stürzen und sie festigen
drittens unseren Stand. Jedenfalls dann, wenn wir uns
bewusst machen, welches System beim Einkauf gerade die
Oberhand hat. Und dass wir je nach Geschlecht angeblich
eher der ein oder anderen Emotion erliegen, das jedenfalls
sagen Psychologen: Demnach seien Frauen anfälliger, sich
stärker vom genussaffinen Stimulanzsystem, aber auch vom
vorsichtigen Balancesystem beeinflussen zu lassen. Männer
dagegen hätten einen größeren Hang, sich eher vom Dominanzsystem zu Statuskäufen verleiten zu lassen. Zumindest
ab und zu ist es für uns alle gar nicht so schlecht, das Balancesystem zu fragen, ob es sich beim Einkaufen nicht ein
bisschen aktiver dazuschalten möchte.

Bei meinen drei Einkaufstüten war jedenfalls klar: Das
Dominanzsystem hatte mit der Sache wenig zu tun. Ich
hatte den Anzug in einem Laden gekauft, den ich auch
abseits der Outletstores in der normalen Fußgängerzone
betrete. Aber ich gebe zu, dass ich der Verlockung, 50 Prozent zu sparen, erlag. Und hoffe, dass an dieser Stelle das

Balancesystem schon seine Finger im Spiel hatte: Ein Risiko war dieser Anzug wirklich nicht, sondern das, was ich ohnehin brauchte. Die zwei Paar Schuhe gingen allerdings klar auf das Konto des Stimulanzsystems. Oder hätten die sein müssen? Nein, die dienen rein dem Genuss – und vielleicht ein bisschen der Unterhaltung, wenn man sich ihre Farbe ansieht.

Mit den Schuhen war ich dagegen auf den klassischen Lockvogeleffekt hereingefallen: Denn beim Schuhkauf habe ich ein Problem. Schon immer. Ich betrete Schuhläden grundsätzlich nur, um ein Paar schlichte, schwarze Pumps zu kaufen. So welche habe ich nämlich nicht. Genau solche Schuhe, die man immer, überall und zu allen Outfits tragen kann. Ziemlich oft aber frage ich mich dann im Laden, warum es so etwas nie in der richtigen Absatzhöhe gibt, so dass auch ich darauf laufen kann, ohne umzukippen. Oder warum schwarze Pumps bei manchen Designern unbedingt Schleifchen und Fransenbehang haben müssen. Oder warum Schuhhersteller nicht in der Lage sind, sie auch in meiner Größe herzustellen. Ziemlich oft verlaufen meine Schuhkäufe daher erfolglos. Na ja, jedenfalls fast.

Denn fatalerweise stehen in den Regalen statt der Schuhe, die ich eigentlich suche, aber nie bekomme, immer welche, die ich nie gesucht hätte, aber trotzdem todschick finde. So wie die braunen Riemchenschuhe, die ich letztes Mal probierte, nur so aus Spaß. Und die zu meinem braunen Rock passen – allerdings auch nur zu dem. Oder die goldenen

Bollywood-Ballerinas, die mich anlachten und zu denen mir nur noch das passende Oberteil fehlt. Oder die 50er-Jahre Peeptoes, die ich mal wieder anziehe, wenn ich den ganz großen Abendauftritt brauche. Eigentlich habe ich ziemlich viele Schuhe in ziemlich vielen Farben. Nicht, weil ich die jemals so dringend wie die schwarzen Pumps gebraucht hätte. Aber die bekam ich ja nie – und so ganz ohne Schuhe wieder abzuziehen, nachdem man mehrere Paar probiert hat, ging doch auch nicht, oder?

Genau das ist der Lockvogeleffekt. Er funktionierte in diesem Fall völlig ohne Zutun der Läden. Aber die setzen ihn auch manchmal ganz gezielt ein: bei Sonderangeboten. Supermärkte werben mit einem besonders herausragenden Angebot, das viele Käufer anspricht, zum Beispiel dem Billig-PC oder dem „iPod zum halben Preis". Schon stürmen die Käufer den Laden, der aber nur eine begrenzte Menge von den Geräten vorrätig hat. Beobachten Sie mal, was passiert, wenn die verkauft sind: Alle Kunden, die danach kommen und keinen PC mehr finden, nehmen trotzdem etwas aus diesem Laden mit. Und sei es nur eine Packung CDs oder noch eine Ladung Batterien. Die Blöße, ganz umsonst ins Geschäft gerast zu sein, um mit leeren Händen wieder abzurauschen, gibt sich kaum jemand. Das wissen Ladenbesitzer. Aber warum wollen wir davon nichts wissen?

Es liegt daran, dass wir im Grunde unseres Herzens alle Jäger und Sammler sind. Auch – und gerade – beim Einkaufen. Jäger rücken aus, wenn sie ein bestimmtes Beuteprodukt gewittert haben, und verfolgen es durch diverse Läden, bis sie an einer Kasse die Kreditkarte durchladen und es erlegen. Nebenbei bemerkt: Das mit der Kreditkarte ist auch ein Trick, um Kunden zum Mehr-Kaufen zu verführen. Hier greift nämlich der Entkopplungseffekt: Wenn der Akt des Erlegens und der Vorgang des Konto-Auswaidens zeitlich weit auseinanderliegen, weil die Beute uns zwar sofort in die Hände fällt, aber das Geld erst viel später abgebucht wird, dann sind wir erheblich spendabler. Deshalb ist es manchmal gar keine schlechte Idee, größere Anschaffungen und gerade Kleidung öfter bar zu zahlen, gerade wenn das Konto schlank ist. Weil uns dann nämlich buchstäblich auffällt, wie viel Geld uns dabei durch die Finger rinnt. Den einen oder anderen Zusatzkauf verkneifen wir uns so viel leichter.

Bei Sammlern dagegen wird ein anderes Programm abgespult: Bei ihnen läuft ein Automatismus. Sie durchstreifen den Konsumdschungel wie ferngesteuert und greifen immer wieder zu den gleichen Dingen, die sie in ihre Körbchen legen und zuhause horten. Ganz egal, wie viele andere Exemplare dieser Art dort schon davon liegen. Zu den Sammlern gehören auch diejenigen Menschen, die wöchentlich die Beilagen der Tageszeitung durchforsten und darin alles ankreuzen, was sie regelmäßig kaufen: den Markensaft, den Standard-Toast, den Röstkaffee und auch die Milch gibt's diesmal in der Palette billiger. Und dann mehrere Supermärkte dieser Welt abklappern, um all diese Standarddinge einzuladen.

Das ist im Prinzip keine schlechte Idee. Nur manchmal lassen selbst sie sich von den Angeboten im Prospekt überlisten. Denn Supermärkte listen dort bevorzugt die Produkte
auf, die Kunden oft kaufen. Die zum Tagesbedarf gehören
und deren Preis wir daher gut kennen. Ist dann die Milch
statt der üblichen 59 Cent nur noch für 49 Cent im Angebot, jubiliert sofort unser Lustkern: ein Schnäppchen!
Immerhin können wir hier fast 20 Prozent sparen. Beim
Saft und dem Klopapier auch noch? Na dann nichts wie
hin.

Überlistet haben wir uns selber dann, wenn wir entweder
gleich mehrere Supermärkte abklappern, um jedes dieser
Schnäppchen einzusacken. Dann haben wir nämlich in
einer durchschnittsgroßen Stadt meist mehr Benzin verfahren als wir am Gesamteinkauf gespart haben. Oder wenn
wir letztlich im Supermarkt alle Sonderangebote in den
Wagen geladen haben – und dann noch auf die Idee kommen, noch eine Flasche Putzmittel, ein paar Flaschen Wein
oder eine Ladung Aufschnitt mitzunehmen, wo wir nun
schon mal da sind. Die Preise dafür aber haben wir viel seltener im Kopf. Also bezahlen wir meist zu viel, merken es
aber gar nicht.

Hartnäckig hält sich nun das Gerücht, Männer seien qua
Evolution zu Jägern geboren, Frauen zu Sammlern. Und
gerne würde ich die Frage, ob die Zugehörigkeit zu einer
der beiden Gruppen primär geschlechtsabhängig ist, hier
eindeutig klären – kann es aber leider nicht. Ich persönlich

glaube: Jedes Geschlecht kann prinzipiell beides. Ich kenne weibliche Jäger, die in der Lage sind, ein Paar Schuhe durch mehrere Läden und Filialen zu jagen, bis sie es schließlich in der richtigen Größe erbeutet haben. Ich selbst habe mal über Monate ein Fahrrad gejagt, bis ich es endlich in den Händen hatte und nie wieder hergab.

Dafür kenne ich aber auch männliche Sammler, die aus Supermärkten nie ohne ihre obligatorische Palette Dosenwurst und die Familienpackung Klopapier kommen. Obwohl sie beides gar nicht so schnell verbrauchen können, wie sie es kaufen. Dafür ließe sich aber mit ihrem Kellervorrat inzwischen ein mittlerer Atomkrieg überstehen. Ein anderer Mann, den ich mal kannte, sammelte Billigkaffeemaschinen und Armeefahrräder. Er hatte beides in mehrfacher Ausführung – weil die einen immer so schnell kaputtgehen und man die anderen womöglich mal nützlich waren, wenn Besuch kam.

Ich dagegen bin bei bestimmten Dingen auch bekennender Sammler, bei Zeitschriften. Davon horte ich oft mehr, als ich in meinen Lebtag lang lesen könnte. Eher als auf das eigene Geschlecht kommt es wohl auf das Produkt an, das man wert findet, ihm hinterherzulaufen.

Manchmal ist es aber auch eine Sache der Verhandlung. Das wiederum haben die Marktpsychologen bereits eindeutig bestätigt: Wenn man uns ein schlechtes Geschäft nur gut genug verkauft und mit einer kleinen zusätzlichen Belohnung koppelt, dann gehen wir es ein. Egal, ob es sich für uns wirklich lohnt oder nicht. Das ist der sogenannte Silberstreifeneffekt: Wir akzeptieren selbst ein schlechtes Geschäft, wenn zusätzlich ein gutes lockt.

Glauben Sie nicht? Die Abwrackprämie taugt aber zum gewissermaßen lebenden Gegenbeweis: Fast eine Million Käufer akzeptierten beim Kauf von Neuwagen im Jahr 2009 erheblich längere Lieferzeiten, weniger Preisnachlässe und dadurch insgesamt höhere Preise, nur weil ihnen der Staat dafür im Gegenzug eine Prämie von 2.500 Euro für die Verschrottung ihres Altautos versprach. Dasselbe funktioniert bekanntlich auch, wenn der Händler das alte Auto zu einem guten Preis in Zahlung nimmt. Auch dann zahlen wir als Kunden gerne mehr Geld für den Neuen.

Bei mir hat der Trick auch mal so funktioniert: Ich kaufte einem Bergausrüster ein paar Steigfelle für Ski ab, die er eigentlich guten Gewissens nicht mehr hätte verkaufen können. Sie hatten eine schmutzige Stelle, an der sie nicht mehr richtig klebten. Weil er mir aber versprach, mir zu den neuen Fellen noch einen Ersatzkleber umsonst draufzulegen (den ich ja eigentlich gar nicht gebraucht hätte, wenn die Felle voll funktioniert hätten), ließ ich mich auf den Deal ein. Gut, irgendwann würde ich den Kleber ja ohnehin kaufen müssen, spätestens in der kommenden Saison. Und so hatte ich wenigstens die zwölf Euro für den Kleber gespart.

Verkäufer wollen immer gerne ein paar Extras an die Kunden dieser Welt loswerden. Aber dann meist gegen Aufpreis und nicht für einen Preisnachlass. In manchen Läden ist man das ja schon gewohnt. Wenn Kunden bei Tchibo einkaufen gehen, dann wissen sie, dass sie da nicht nur „jede Woche eine neue Welt" finden, sondern auch an der Kasse garantiert gefragt werden, ob es zum Morgenmantel, der Skiunterwäsche oder dem digitalen MP3-Wecker noch ein Pfund Feine Milde sein darf. Die meisten Kunden kaufen dann auch noch ein Päckchen von dem Kaffee, der ihnen sonst eigentlich zu teuer ist. Aus Pflichtgefühl und ein bisschen auch aus Dankbarkeit, weil die Skiunterhose doch so billig war.

Nur wenn ich bei Tchibo einkaufe, sind die Damen an der Kasse aber ziemlich oft verblüfft. Was sollen sie der Kaffeetante anbieten, die da vor ihnen steht und bloß ein Kilo milde Bohnen will? Darf es vielleicht zum Kaffee noch eine Funk-Türklingel, eine Kühltasche mit Erdbeeraufdruck oder eine batteriebetriebene Badeente sein? So herum funktioniert das Zusatzgeschäft irgendwie nicht. Deshalb spüre ich regelrecht, dass sie mit mir als Konsumentin überfordert sind. Dann beschleicht mich das Gefühl, ich bin die einzige, die hier nur eines kauft: Kaffee.

Andersherum setzen aber die Verkäufer genau auf diesen Überrumpelungseffekt beim Verkauf. Denn ihnen bringt er Extra-Umsatz. Im Schreibwarenladen fragen sie mich jetzt bei jedem Druckerpapierkauf, ob ich nicht auch gleich eine

neue Tintenpatrone dazu kaufen möchte, bei dem vielen
Papier, das ich bedrucken möchte. Da wäre die doch
bestimmt bald fällig. Und die Kassiererin in der Drogerie
erwähnt gerne zur Zahnpasta, dass sie diese Woche auch den
Bürstenkopf für die elektrische Zahnbürste im Angebot hat.
Das Angebot gilt schon erstaunlich lange. Wer in solchen
Momenten nicht unbedingt den Katalog des örtlichen
Elektronikhändlers im Kopf hat oder die Preise der Konkurrenz, der sagt vielleicht irgendwann spontan: „Stimmt, das
musste ich sowieso noch besorgen." Und schon hat er an
einer weiteren Stelle aus Bequemlichkeit mehr bezahlt, als er
müsste, nur weil er plötzlich alles im Paket kriegt.

Das funktioniert übrigens auch bei ausgesprochen großen
Dingen. Selbst beim Autokauf, das ist ein offenes Geheim-
nis: Es ist ein Riesenunterschied, ob wir uns für ein Basis-
modell entscheiden und dann alle weiteren Spielereien wie
elektrische Fensterheber, den fünften Airbag, das iPod-fähi-
ge Radio, das Schiebedach, die Sportsitze und das Was-
weiß-ich-nicht-noch-alles extra entscheiden und es laut
Preisliste zusammenrechnen – oder ob wir das Luxusmodell
mit dem kompletten Ausstattungspaket kaufen, weil wir
dem Verkäuferspruch vertrauen: „Da ist einfach alles drin."
Es ist auch alles drin, meist sogar viel mehr, als wir überhaupt brauchen. Deshalb dürfen Sie raten, bei welcher der
beiden Alternativen Sie in den allermeisten Fällen unterm
Strich viel günstiger fahren würden – und bei welcher Sie
viel mehr Geld ausgeben als geplant, für ein paar Extras,
die Sie eigentlich gar nicht wollten.

Bisweilen treibt die Suche nach dem Zusatzgeschäft aber auch im Niedrigpreisbereich sehr seltsame Blüten. Neulich bekam ich auf dem Heimweg von einer Kneipentour Heißhunger und wollte an der Tankstelle noch eine Ladung Schokolade tanken. Der Tankwart kassierte die 100-Gramm-Tafel und fragte: „Darf's noch eine Autowäsche dazu sein?" Ich muss in dem Moment zumindest wie ein Auto geguckt haben und antwortete: „Gerne, wenn das auch für Zweiräder gilt. Ich bin nämlich mit dem Fahrrad da." Ich habe schon viele unökonomische Angebote beim Einkaufen bekommen. Aber das war bisher mit Abstand das originellste.

Bisher führte die Post meine Hitliste der unglaublichsten Verkaufsfragen an. Seit ich bei jedem Briefmarkenkauf und jeder Paketabholung nach 15 Minuten Schlangestehen auch noch erklären muss, warum ich kein kostenloses Girokonto will, dass ich beim Telefonieren schon einen günstigen Anbieter habe und mich für einen neuen Stromtarif nicht gerade hier und jetzt am Schalter entscheiden möchte, auch wenn er noch so supergünstig ist, ziehe ich meine Briefmarken nur noch am Automaten. Und die Verkäufer mit ihren unmoralischen Zusatzangeboten können mir gestohlen bleiben.

Letztes Jahr kurz vor Weihnachten fiel es mir zum ersten Mal auf. Seitdem werde ich den Gedanken nicht mehr los: Bis dahin dachte ich, ich läge ganz gut im vorweihnachtlichen Rennen. Ich hatte die Dekoration im Keller ausgegraben, die Lichterkette so weit entwirrt, dass man sie wieder in einen Baum hängen kann und sogar schon Adventskerzen gekauft. Ich brauchte nur noch Geschenke. Aber dann hatte mich der Advent irgendwie rechts überholt. Der Kette fehlt noch ein Birnchen, den Kerzen der Kranz, Geschenkideen hatte ich immer noch nicht und dann kam die Post – mit einer Dose voller Kekse.

Ich hätte mich einfach darüber freuen können, dass mir eine Freundin die ersten selbstgebackenen Plätzchen schickte. Ich rief sie an, ob ich mich mit einem Adventskaffeetrinken dafür revanchieren könne? Sie habe leider keine Zeit, jauchzte sie. Sie müsse eben noch die zweite Kekskollektion in den Ofen schieben, denn die erste habe sich bereits zu diversen Freunden in diversen Städten verkrümelt. Ich rief eine andere Freundin an. „Gut, dass Du Dich meldest", frohlockte die, „magst du eigentlich lieber Minze oder Ingwer?" Sie wecke gerade Marmelade in Geschenkgläschen ein und wolle mir ein paar davon schicken. „Minze" murmelte ich und versuchte, wenigstens die dritte Freundin zum Weggehen zu überreden. Die hatte nur kurz Zeit für mich, weil sie ohnehin in die Stadt musste. Den selbstgestalteten Kalender abholen, den sie für die Großeltern ihres

Sohnes gebastelt hatte. Da schwante mir langsam: Ich hatte nicht nur den Beginn des Adventsstresses verpasst, sondern gleich einen ganzen Trend.

Eine nicht repräsentative Umfrage unter meinen Freunden ergab: Im vergangenen Jahr wurden in sämtlichen Haushalten Socken gestrickt, Fotoalben beklebt oder zumindest regionaltypische Backwaren fabriziert. Selbermachen ist gerade extrem sexy. Und der Drang dazu hält seitdem nicht nur bei meinen Freunden an: Neuerdings gibt es Zeitschriften, die uns sagen, was man wieder alles selber machen kann. In den Kursen von Volkshochschulen, die uns wieder Backen, Nähen oder Schreinern beibringen, sind ausgebucht. Moderne Menschen, die nicht zum Establishment der grünen Partei gehören, entdecken wieder das Stricken und verkaufen uns diese Selbermach-Masche jetzt als „Yoga für die Finger". Das Basteln und Heimwerkern lag zwar schon vor Beginn der Krise im Trend, aber erst jetzt legen wir damit so richtig los.

Das letzte Mal, das meine Freunde und ich dem Trend folgten, war, als wir noch Studenten waren und kein Geld für große Geschenke hatten. Da beglückten wir auch alle, die wir liebten, mit Selbstgebasteltem. Denn wir hatten zwar kein großes Einkommen, aber zwischen den Vorlesungen viel Zeit, um aus dem bisschen Geld und viel Phantasie trotzdem was Tolles zu machen. In den vergangenen Jahren konnten wir uns dann all die Dinge kaufen, die wir schon immer gerne gehabt hätten oder die wir anderen schon immer gerne geschenkt hätten. Geld hatten wir, nur Zeit nicht mehr. Deshalb war ich anfangs verwirrt, was mir meine Freunde mit dem Selbermach-Wahn sagen wollten. Aber dann verstand ich. Sie bereiteten sich schon mal vor. Auf schlechtere Zeiten. Konsumforscher sagen nämlich, wenn nur eine U-förmige Wirtschaftsflaute vor der Tür steht (schneller Absturz, rasanter Wiederaufstieg), dann machen wir weiter wie gehabt und sitzen das aus. Wird es aber eine L-förmige Entwicklung (schneller Absturz, langes Dümpeln), dann ziehen wir uns in unsere eigenen vier Wände zurück, werden wieder häuslich und machen es uns selbst. Was? Na, alles.

Ich hätte das längst ahnen müssen. Schließlich hatte es bei mir schon etliche Wochen früher angefangen. Denn wie heißt es? „In jeder Krise stecken auch Chancen." Und ich kultivierte sie schon. Es begann mit einem Topf Basilikum. Der wollte in der Küche nur schwer wachsen, also stellte ich ihn auf den Balkon. Später setzte ich einen Salbei daneben. Danach habe ich die Kraut-und-Rüben-Reihe sukzessive ausgebaut: Rosmarin, Thymian, Pflücksalat, sogar eine Tomate habe ich gepflanzt. Ich kann nicht genau begründen, warum. Anfangs machte es mir nur Spaß, dann aber lockte auch die Aussicht auf reiche Ernte. Und wo doch alle Zeitungen schrieben, dass die Nahrungsmittelpreise weiter steigen und die Beschäftigtenzahlen sinken ... Wenn es mal mit dem Journalismus nicht mehr so klappt, beschloss ich, mache ich zur Not eben einen auf Selbstversorger.

Damit liege ich voll im Trend. Auf deutschen Balkonen wächst wieder mehr Gemüse, verbreiteten wenig später sogar Marktforscher und Agenturen. Steigende Preise, sinkendes Verbrauchervertrauen, der Wirtschaftsabschwung – in jeder Krise gebe es eine Rückbesinnung. Die Menschen suchten wieder das Wahre, das Gute – vielleicht aber auch nur eine sinnvolle Beschäftigung. Und was gibt es Sinnvolleres, als sich selbst um sein Essen zu kümmern?

Jedenfalls fühlte ich mich auch durch die Markteinschätzungen bestätigt. Ganze 70 Prozent der Deutschen sagen inzwischen, dass sie wieder öfter im Garten die Schippe schwingen.[9] Seit die Präsidenten des großen Aufbruchs, die Obamas, im Januar ins Weiße Haus eingezogen sind, weiß ich endgültig: Ich war tatsächlich zum ersten Mal in meinem Leben Trendsetter. Gut, an Michele Obamas 100 Quadratmeter komme ich flächenmäßig noch nicht ganz heran. Aber auch sie pflanzt Thymian und Kräutergarten, liebt Broccoli und Möhrchen.

Und wenn diese Aktion kein Zeichen ist: Sie ist zwar nicht die erste, die den Garten hinterm Weißen Haus zum Gemüsegarten machte. Aber das letzte Mal griff hier Eleanor Roosevelt zum Spaten. Ausgerechnet in der Zeit von 1933 bis 1945, den wirren Kriegsjahren. Sie wollte ein Zeichen setzen. Bepflanzte ihre Kriegsgärten und machte ganz Amerika damit Mut, dass Selbstversorgung ganz gewiss

---

9 Laut einer Umfrage des Instituts Ipsos für die Robert-Bosch-Stiftung vom Dezember 2008, www.bosch-do-it.de.

eine Möglichkeit ist, durch diese Zeiten zu kommen. Und
nun sticht die neue Präsidentengattin dasselbe Thema wieder an. Und bringt viele Landsleute zum Nachdenken: 54
Gemüsearten auf 100 Quadratmetern Platz, und dabei soll
das Ganze nicht mehr als 200 Dollar gekostet haben. Aber
– so ist jedenfalls der präsidentschaftliche Plan – von dem
Ertrag dieses Gartens soll sich die gesamte Familie ernähren. Sogar Bienenkästen will sie aufhängen, um ihren eigenen Honig zu schleudern. Da weiß man doch, was man hat.
Und für alle, denen Selbstversorgung zu martialisch und
autark klingt: Gourmet-Gardening heißt das bei den
Obamas. Ob auch die Staatsgäste von Micheles Gemüse
bekocht werden sollen, ist bisher allerdings nicht überliefert.

Mein Platz auf dem Balkon ist begrenzt. Aber die Zahlen
haben mich beeindruckt. Seit ich die Rechnung für meine
eigenen zweieinhalb Quadratmeter aufgemacht habe,
investiere ich auch in Gemüse Marke Eigenbau. Schließlich
habe ich auch keine vier Köpfe plus Hund zu ernähren.
Also müsste ich auch mit weniger Platz auskommen. Erst
war mein Balkonportfolio nicht ganz krisenfest. Es reichte
noch nicht zum Überleben. Deshalb habe ich umgeschichtet: Der wilde Wein war zwar ein optisches Highlight, warf
aber keinerlei Trauben ab. Den habe ich durch einen echten
Rebstock ersetzt. Er müsste im Herbst erstmals Ertrag
abwerfen. Daneben rankt seit Jahren ein Hopfen. Der darf
bleiben, weil ich inzwischen das Buch gekauft habe „Bier-
brauen für jedermann" und seitdem weiß, dass er mir nützt.

Die Saat in den anderen Kästen habe ich extrem breit gestreut: Feldsalat, Erbsen und Spinat sprossen schon im Frühjahr. Die Sommerbohnen lassen noch auf sich warten, aber die Tomaten sind schon da. Die erste Testtomatenpflanze trug letztes Jahr noch bis in den November hinein die letzte Frucht. Also komme ich damit ungefähr bis zum Winter.

Selbst Kartoffeln werden jetzt bei mir Wurzeln schlagen. Früher machten sie das nur, wenn ich sie länger als acht Wochen im Kühlschrank vergaß. Jetzt habe ich sie behutsam in einen Eimer gelegt, mit Erde bedeckt und recherchiert: Ein Eimer mit ein paar Kartoffeln ergibt irgendwann sieben volle Kilo Knollen. Da bei mir ja schon zwei Kilo mindestens zwei Monate halten, wäre meine Kartoffelversorgung damit für ein halbes Jahr gesichert. Und zeigen Sie mir mal ein anderes Investment, das momentan eine ähnlich satte Rendite abwirft.

Das Selbermachen hat das Potential zum ersten Kult-Trend des 21. Jahrhunderts. Und es ist längst nicht nur die Geldnot, die Leute dabei treibt, sondern auch die Sehnsucht nach dem Handgemachten. In Zeiten, in denen alles maschinell und immer gleich aussieht, in denen glänzende Oberflächen und stylishes Aussehen ein Muss sind, in denen selbst das, was sich gestern kaum jemand leisten konnte, morgen schon zigtausendfach kopiert auf Asiamärkten und Urlauberstränden an Jedermann verhökert wird, in solchen Zeiten gibt es nur noch einen Weg, um

aufzufallen und unverwechselbar zu sein: Wenn man es
wieder selber anpackt.

Bis hierher galt nur der gekaufte Luxus als guter Luxus.
Aber jetzt bekommen gerade die Plattformen Zulauf, die
das Handgemachte verhökern.[10] Für die selbstgenähten
Kissen, handgegossenen Kaffeekerzen und Spülschürzen
erzielen Selbermacher und Verkäufer gar nicht mal so üble
Preise. Und selbst Omas kommen kaum noch mit dem
Stricken hinterher, seit ihre Enkel ihre Fingerfertigkeit als
Geldquelle entdeckt haben: Der Enkel von Oma Schmidt[11]
(die übrigens wirklich so heißt) ist mein Lieblingsbeispiel:
Seit der weiß, wie gut seine Großmutter nicht nur Topf-
lappen häkeln, sondern auch Handytaschen nach Maß ferti-
gen kann, werkelte auch er an seiner Geschäftsidee. Nun
häkelt und strickt Oma mit ihren Freundinnen alles, was
die Auftraggeber auf einer Internetseite bestellen können –
oder was der Enkel als Designobjekt vorgibt. Vom Toten-
kopf-Topflappen bis zur MP3-Umhängetasche. Ganze Dör-
fer im Schwarzwald leben inzwischen von der Masche und
geben sogar Strickunterricht für Touristen, damit die bloß
das alte Handwerk nicht verlernen.

In die gleiche Richtung zielt auch der Vintage-Trend in der
Mode. Zwar wird hier nicht per Hand ganz neu genäht,
sondern es wird alte Mode verwertet. Es ist die klassische
Secondhand-Idee. Aber während das früher hieß: Mode, die

---

10 Zum Beispiel www.dawanda.de.
11 Siehe www.omaschmidtsmasche.de.

wirklich schon reichlich aus der Mode gekommen ist, wird an Menschen mit extrem wenig Geld zum Kilopreis weiterverkauft, so heißt es heute: Originelle Stücke von einst werden mit modernen Klamotten kombiniert und gemixt und schon entsteht ein Stil, der sich nirgendwo fertig kaufen lässt und nichts stärker widerspiegelt, als den Geschmack und die Kreativität seiner Trägerin. Es ist die Auflehnung der Bewahrer gegen die Wegwerfmentalität. Und im Grunde ist es nichts anderes als das Selbermachen mit anderen Mitteln. Auch wenn der Vintage-Trend anfangs nicht unbedingt der Geldnot entsprang.

Denn Trendsetterin in diesem Bereich war die amerikanische Schauspielerin Julia Roberts. Die schritt bei der Oscar-Verleihung 2001 in einer Vintage-Valentino-Robe über den roten Teppich. Und stieß damit die Idee an: Nicht nur Neu-Kaufen ist schick.

Später kultivierte die Stylistin Patricia Field den Stil und machte damit eine andere zur Stil-Ikone der frühen zweitausender Jahre: Sarah Jessica Parker. Denn Field, die Star-Stylistin mit dem Blick fürs Alte, entwarf die Kostüme für die TV-Serie „Sex and the City". Die Serie avancierte auch wegen der gewagten und mitunter hart an der Grenze zum an der Geschmacksverirrung entlangschrammenden Outfits der Heldin „Carrie Bradshaw" zur absoluten Kultserie. Zumindest in Modezeitschriften wurde der Look der Schauspielerinnen tausendfach kopiert und zum Nachkauf empfohlen.

Auch meine Freundinnen haben längst eine Tugend daraus gemacht. Nur dass sie jetzt auch ihre eigenen Klamotten als Vintage-Stücke weitergeben. Ab und zu machen wir eine Klamottenbörse, bei der wir alle Kleidungsstücke auf den Markt werfen, die wir ohnehin selten anziehen und die eine von den anderen, die diesen Rock oder das bunte Oberteil schon immer bewundert hat, das uns aber irgendwie schon immer zu lang, zu knapp oder zu bunt war, erfreut. Meist kann eines meiner Mädels dann daraus viel mehr machen. Dabei hat es allerdings Vorteile, wenn wenigstens ein paar Freundinnen in puncto Beinlänge, Armdicke oder Taillenumfang ähnliche Werte haben wie man selbst.

Um ihren eigenen Bauchumfang zu reduzieren und auch besser zu essen, hat meine Freundin jetzt beschlossen, wieder Selberkocher zu werden. Statt jeden Tag in die Kantine zu gehen, will sie jetzt wieder selber den Kochlöffel zuhause schwingen. Das spart nebenbei auch Geld, sagt sie. Aber irgendwie sei sie total im Stress und könne sich tagsüber nicht noch Gedanken machen, was sie abends kochen wolle. Sie und ihr Partner versuchen es mit einem Kochplan. Mit Vorkochen und Einfrieren, volles Programm.

Ich staunte. Nicht, dass ich selbst täglich dazu käme, über mein Abendessen nachzudenken. Wenn ich das Büro verlasse, steuere ich einen Gemüseladen an, greife zu dem, was am knackigsten aussieht, und vertraue darauf, dass es zu den Restzutaten im Kühlschrank passt. Zur Not gibt es Käsebrot. Wenn ich dann doch mal etwas einfriere, dann finde ich es Jahre später beim Abtauen des Gefrierfachs wieder. Darum habe ich noch nie über einen Kochplan nachgedacht.

Aber meine Freundin meint es ernst. Die Verpflegungsmeister planten für Monate im Voraus und legten Magazine mit meterdicken Mauern an. Sie hat dafür stapelweise Plastikdosen zum Einfrieren gekauft. Bald wird sie vermutlich im Keller ein Depot zur Lagerung von Frischgemüse mauern. Und sie hat sich Regeln zur Kochplanung gesetzt. Ich scheitere schon an der ersten: „Sie planen am Freitag, was Sie nächste Woche kochen." Für mich ist das Schöne am Essen, dass man sich nicht schon freitags einbrockt, was man Tage später auslöffeln muss. Und spart das wirklich Zeit? Meine Freundin lehnt gerade jede Einladung ab, weil sie samstags für die Woche einkaufen und sonntags eintuppern muss. Proviantmeister ist ein Vollzeitjob. Ich glaube, geplant wird mein Essen nie sein. Aber ein Selbstverpfleger, der auch mal eine Tupperdose mit zur Arbeit bringt und oft ein Käsebrot in Reserve hat, bin ich seitdem auch öfter.

Und ist es Zufall, dass die Baumärkte in solchen Zeiten traditionell besonders gute Zahlen schreiben? Ist es nicht. In jeder Krise spinnen wir uns gerne zuhause ein, Cocooning nennen Psychologen das. Das Heimwerken hat also immer gerade dann Hochkonjunktur, wenn die übrige Wirtschaft schwächelt. Und die Deutschen bestätigen das, wenn man sie danach fragt: Drei von vier Bundesbürgern greifen jetzt wieder persönlich zu Hammer und Bohrer, um zuhause wieder passend zu machen, was ihnen nicht mehr passt.[12]

Wenn man sie nach dem Grund dafür fragt, sagen sie: Weil sie sich lieber selbst an längst fällige Handwerker- und Verschönerungsarbeiten machen, jetzt, wo sie nicht genau wissen, was die kommende Zeit noch an finanzieller Unsicherheit bringt. Sie wollen Geld sparen und sich wieder nützlich machen. Egal, ob es um kleinere Reparaturarbeiten, Dekorationsdinge oder komplexe Renovierungen geht: Deutschland packt wieder an. Auch mein Bekanntenkreis ist da keine Ausnahme, es gibt wieder mehr Freunde, die nicht schon nach dem Zusammenschrauben ihres neuen Ikea-Regals schlappmachen und den Schraubenschlüssel aus der Hand legen. Sondern die wieder ihre Werkbänke ausgepackt haben, sich ihre Tische selber schleifen, Küchenmöbel händisch zimmern oder öfter mal die Farbrolle in die Hand nehmen, statt den Maler zu beauftragen.

Bei solchen kleinen Renovierarbeiten lohnt sich Selbermachen allemal. Es gibt aber auch ein paar Baustellen im eigenen Haus, da sollte man lieber die Fachleute ranlassen, warnen Handwerkexperten nicht umsonst. Wenn es um Elektrizität geht, sind die meisten von uns blutige Laien. Ich gebe zu, dass ich auch mal versucht habe, einen Starkstromherd selber anzuschließen. Das Ergebnis war ein Knall, der mir in Mark und Bein fuhr und der mich sofort zum Telefonhörer

---

12 Ebenfalls aus der Ipsos-Umfrage für die Robert-Bosch-Stiftung, Dezember 2008.

greifen ließ. Mehr als eine herausgeflogene Sicherung war zwar nicht passiert und der Elektriker konnte sogar das Gerät noch retten, aber seitdem habe ich mir geschworen: Lampen aufhängen ist okay, aber richtige Elektroleitungen lasse ich lieber richtige Elektriker anfassen.

Das Gleiche gilt für Abwasserleitungen in Mietswohnungen. Es sind Geschichten überliefert, in denen Menschen die 100 Euro für die Montage einer neuen Kloschüssel sparen wollten – und nachher vierstellige Beträge hinlegten, weil sie nicht nur ihr Badezimmer fluteten, sondern sogar noch die Wohnungen unter ihnen etwas davon hatten. Auch beim Heizungsumbau und beim Fliesen, sagen selbst passionierte Hobbyhandwerker, sollte man eher vorsichtig sein. Wer das noch nie gemacht hat, legt zumindest an Materialkosten Geld drauf, weil er mit Sicherheit ein paar Fliesen zerstört, statt sie fachmännisch zu verkleben. Und wenn am Ende der Bodenbelag aufspringt, weil der Untergrund krumm war, ist die Ersparnis zumindest zweifelhaft.

Bei Fahrradreparaturen gilt das Prinzip der Schadensabwägung: Den Schaltzug würde ich eher reparieren als den Bremszug, weil ersterer weniger überlebensnotwendig ist. Und ansonsten gilt: Freunde fragen, ob sie sich auskennen und gute Tipps parat haben. Das kostet erstmal nichts. Und wenn sie Hilfe anbieten, ist es auch keine Schande, die anzunehmen. Man kann sogar ein Event draus machen. Neulich lud eine Freundin zur Malerparty ein, weil sie weißeln musste und die 500 Euro für den Maler jetzt nicht

mehr so locker hat. Mit uns hat sie viel Geld gespart und
Spaß hatten wir außerdem dabei. Wir waren quasi unsere
eigene Nachbarschaftshilfe. Und arbeiteten völlig unent-
geltlich, nur gegen Kost und Musik.

Im Dschungel der Tarife – Strom, Gas, Telefon

Neulich hatte ich mal wieder einen Traum: Ich war allein
und um mich herum nichts als Urwald. Er wucherte so
dicht, dass ich stellenweise nicht mal meine Füße im
Unterholz sehen konnte. Das Einzige, was mich hier noch
herausbringen würde, wäre die Riesenmachete, die ich in
der Hand hatte und mit der ich auf die Farne und Schling-
pflanzen eindrosch. Aber je mehr ich davon erwischte,
desto üppiger wuchsen sie nach, rankten sich um meine
Knöchel und wanden sich wie Kletten um meine Handge-
lenke. Irgendwann würde ich nicht einmal mehr wissen,
wie ich mich noch bewegen sollte. Woher dieser Alptraum
kam? Ich hatte eine dumpfe Ahnung. Er kam an dem Tag,
an dem ich tagsüber meine Unterlagen durchgesehen hatte
und beschloss, mich um einen neuen Telefontarif zu kümmern. Am Anfang recherchierte ich noch guten Mutes im
Internet drauflos, aber schon bald wusste ich nicht mehr,
wo ich gelandet war und welche der Seiten ich schon abge-
grast hatte und welche nicht: Es gibt über 1.000 verschiedene Handytarife in Deutschland. Die genaue Zahl kennen
nicht mal die Leute, die sich täglich mit nichts anderem
beschäftigen, als die aktuellen Konditionen zu vergleichen.

Denn die ändern sich fast täglich. Kann mir jemand verraten, wie man da den Überblick behält? Sagen wir mal: Es wäre praktisch. Denn sonst verschenken wir viel Geld.

Viel reden, wenig zahlen – das Handy

Wissen Sie etwa, wie viel Sie für ein Handytelefonat bezahlen oder ob Sie ihre Flatrate wirklich ausnutzen? Haben Sie schon mal den Stromanbieter gewechselt oder über ein anderes Girokonto nachgedacht? Manchmal ist es absurd: Für ein 50-Cent-Angebot im Supermarkt fahren wir kilometerweit, aber für unser Telefon, unser Konto oder für unsere Autoversicherung zahlen wir jedes Jahr klaglos zu viel. Obwohl wir dieselben Leistungen bei anderen Firmen mehrere hundert Euro billiger kriegen würden. Deshalb probe ich hiermit den Aufstand: Ich rate zum Wechsel.

Normalerweise bin ich kein Revoluzzer, deshalb war es auch bei mir ein langer Prozess, bis ich so weit kam. Es ist nämlich so: Ich bin ein ziemliches Gewohnheitstier. In manchen Dingen jedenfalls. Einige Dinge dürfen sich gern ändern, meine Freizeitvergnügen zum Beispiel, meine Wohnorte oder Essensvorlieben. Aber drei Dinge, so habe ich mir geschworen, werden bei mir auf immer und ewig gleich bleiben: mein Name, meine E-Mail-Adresse und meine Handynummer. Festnetze kommen und gehen. Je nachdem, wie schnell sich unsere Wohnsitze ändern, je nachdem, in welcher Stadt man arbeitet oder in welchem Beziehungsstadium man sich befin-

det. Mal lebt man zu zweit, dann wieder allein, dann eher im
größeren Familienverbund. Solche Wechsel machen viele
Freunde und Bekannte mit, aber eben nicht immer alle sofort.
Und für diejenigen, die erst später Wind davon bekommen,
ist meine Beharrungstendenz bei personenbezogenen Daten
gedacht. Schließlich will man in Kontakt bleiben – zumindest theoretisch.

Weil ich nun nicht vorhabe, meine Handynummer zu
ändern, habe ich auch noch nicht oft über einen Wechsel
der Telefongesellschaft nachgedacht. Hätte ich aber vielleicht mal tun sollen. Denn damit hätte ich schon viel Geld
sparen können. Ein Professor der Universität Erlangen-
Nürnberg hat die Probe aufs Exempel gemacht und seinen
Studenten – Wirtschaftsstudenten – etliche Tarifvergleiche
vorgelegt. Das Ergebnis war doppelt bemerkenswert:
Erstens schaffte es nur jeder 15. Student bei zwölf vorge-
legten Tarifen, den für ihn günstigsten auszusuchen.
Dadurch aber bezahlten sie zweitens im Schnitt acht Euro
pro Monat zu viel. Das macht bei einer üblichen Vertrags-
dauer von 24 Monaten immerhin 200 Euro aus.

Und jetzt mal Hand aufs Herz: Wissen Sie genau, wie viel
Sie für Strom, Gas, Internet oder Autoversicherung bezahlen und dass das ganz sicher nicht günstiger geht? Günstiger geht es fast immer. Nur scheuen wir die Kosten: die
Wechselkosten. Denn im Dschungel der Tarife blickt ja
heute keiner mehr durch, und es erfordert schon eine mitt-
lere Wochenendanstrengung, aus all den Preislisten den

jeweils günstigsten herauszufinden. Und dann geht der Wechsel ja erst richtig los. Und garantiert uns dann jemand, dass der neue Netzbetreiber oder Stromversorger auch der günstigste bleibt? Nein, niemand. Also lohnt sich dann der Wechsel?

Warum Flatrates oft zu teuer sind

Das tut er meist. Bisher hielten sich meine monatlichen Handyrechnungen aber im Rahmen. Deshalb habe ich die Mühe gescheut, wenigstens ab und zu die Preise meines Anbieters mit denen der anderen zu vergleichen. Obwohl ich doch wusste, dass sich in den vergangenen Jahren am Telefonmarkt einiges getan hat. Und damit bin ich schon wieder dem Entwertungseffekt erlegen, würden die Verhaltensökonomen mich schimpfen: Ich zahle vorab monatlich eine Pauschale an meine Netzgesellschaft und die lässt mich dafür ein bestimmtes Kontingent an Gesprächen abtelefonieren. Der Entwertungseffekt bewirkt nun, dass wir alle zwar jedes Mal, wenn die Telefonabrechnung ins Haus flattert, denken: Schon wieder ein Monat um und das Geld auf meinem Konto wird weniger. Aber schon nach ein paar Tagen haben wir die Ausgabe vergessen. Das schlechte Gefühl wegen des ausgegebenen Geldes wird also Tag für Tag schwächer. Bis es fast ganz weg ist. Irgendwann nutzen wir dann das Handy oder das Telefon mit dem Gedanken: Ist ja alles schon bezahlt. Kostet ja nix mehr.

Tun wir natürlich nicht. Wir haben den Preis dafür schon längst gezahlt. Aber das wird uns erst klar, wenn die nächste Rechnung kommt. Aber selbst wenn wir eigentlich zu viel für unseren Handyvertrag ausgeben, weil wir eine Flatrate abgeschlossen haben, mit der wir automatisch einen festen Grundbetrag zahlen, egal ob wir den nun tatsächlich abtelefonieren oder nicht, funktioniert der Verdrängungseffekt gut. Das Gefühl, dass wir eine Leistung quasi gratis bekommen, je länger der Zeitpunkt des Bezahlens zurückliegt, überkommt uns trotzdem. Und meist, das ist das eigentlich Absurde, telefonieren wir nicht ganz normal weiter, so wie wir es tun würden, wenn wir nicht den Pauschaltarif zahlten und uns jede weitere Minute Geld kostete, sondern wir reden mit Flatrates plötzlich was das Zeug hält. Oder wie es in einer Werbung so schön heißt: „Schatz, lass uns weiterreden, ab jetzt telefonieren wir ja umsonst."

Ich kenne sogar Menschen, die sich oft gar nicht persönlich treffen, obwohl sie nur ein paar Blocks entfernt wohnen, aber anscheinend das Gefühl haben, ihre Flatrate zwangsabtelefonieren zu müssen. Nach dem Motto: Erst wenn ich den Punkt erreicht habe, an dem mich das Telefonieren nichts mehr kostet, dann hat sich die Monatspauschale für mich gelohnt. In Wirklichkeit lohnt sie sich allerdings meist nicht.

Der Trick an der Konstruktion mit den Pauschalpreisen ist: Sie geben uns die Sicherheit, dass wir keine bösen Überraschungen erleben und am Ende des Monats nicht mehr

Geld ausgeben müssen, als wir per Pauschale festgelegt haben. Man könnte nun meinen, dass die Telefongesellschaften eigentlich ein schlechtes Geschäft machen müssten, weil sich doch bestimmt alle Nutzer bemühen, so viel wie nur möglich am Telefon zu hängen, damit sich ihre Flatrate lohnt. Aber würden die Firmen sich dann darauf einlassen? Bestimmt nicht. Sie wissen nämlich, was bei uns im Kopf abläuft, und nutzen das an dieser Stelle aus:

Der Mensch ist anfällig für das „prospective accounting". Er neigt also eher dazu, einen bestimmten fixen Preis vorab zu zahlen und das Prepaid-Produkt anschließend als „freies Gut" genießen zu können. Das ist ihm erheblich lieber, als nicht vorhersagen zu können, welchen Preis er am Ende dafür zahlen muss. Denn das widerstrebt seiner Verlustaversion, der Angst, am Ende mehr zu bezahlen als gedacht. So es haben die Ökonomen Drazen Prelec und George Loewenstein in ihrer „Theory of intertemporal Choice" herausgefunden, mit der sie die Anomalien bei zwischenzeitlichen Entscheidungen aufzeigen. Darüber sind auch schon ganze Bücher geschrieben und Studien angefertigt worden, die auch in den Marketingabteilungen und den Abteilungen für Preissetzung der Telefongesellschaften liegen. Der Mechanismus funktioniert nämlich wirklich bei jedem von uns gut. Wetten?

Kurzer Test: Jedes Jahr bekommen wir vom Stromversorger die Jahresrechnung. Und welche Situation hätten wir wohl lieber: Eine Endabrechnung, bei der wir ein Guthaben von

200 Euro ausgezahlt bekommen – oder eine Rechnung, die von uns noch 90 Euro fordert? Natürlich hätte jeder von uns gerne wieder einen Teil seines Geldes zurück. Aber haben wir uns überlegt, was das umgekehrt heißt? Dass wir nämlich ein Jahr lang jeden Monat fast 20 Euro zu viel an unseren Stromversorger weitergereicht haben, sozusagen als kostenlosen Kredit. Geld, mit dem wir in jedem Monat gut etwas anderes hätten machen können. Geld genug für eine Basiskühlschrankfüllung, die eine Woche hält. Wir aber sehen an dieser Stelle nur, dass wir Geld zurückbekommen – ungeplant. Das verbuchen wir als Gewinn. Während wir die 90 Euro Nachzahlung als Verlust betrauern. Nur weil wir sie nicht schon im Voraus loswerden, sondern erst im Nachhinein abdrücken müssen, wenn wir das Produkt Strom schon verkonsumiert haben. Logisch ist das nicht. Aber menschlich.

Ähnlich funktioniert auch die Rechnung der Handyanbieter mit den Flatrates. Sie versprechen uns, dass wir im Nachhinein keinen Cent dazubezahlen müssen. Auch nicht, wenn wir unseren Freunden mal erheblich mehr zu sagen hatten. Aber – und das ist die große Kostenfalle – bei ihnen bekommen wir auch keinen Cent heraus, wenn wir unser Limit mal nicht ausreizen. Das sagt uns aber keiner und deshalb tut der Verlust auch gar nicht weh. Mit Flatrates, so warnen Tarifexperten, telefonieren die meisten Nutzer daher viel zu teuer. Es ist eben schön zu wissen, dass das Telefonieren monatlich in keinem Fall mehr als 45 Euro kosten kann. Haben wir dagegen einen Einzelverbindungsnachweis, der exakt zählt, wie lange wir an der Strippe hängen, und vertelefonieren wir in einem Monat mal 60 Euro, sind wir geschockt. Und das schlechte Gefühl ist umso stärker, wenn wir zuvor vier Monate lang nur 30 Euro vertelefoniert haben. Dann sind die 60 Euro ein herber Dämpfer für unser gewohntes Budget. Das wir mit der Gesamtsumme immer noch billiger liegen als mit einer 45-Euro-Flatrate Monat für Monat, ist uns dabei gar nicht klar.

Wissen Sie wirklich, wie oft Sie Ihre Flatrate ausnutzen? Ob Sie verlässlich wenigstens in die Nähe des Minutenlimits oder der SMS-Zahl kommen, die Ihr Telefonanbieter monatlich pauschal mit Ihnen abrechnet? Ehrlich gesagt wusste ich es vorher nicht. Im Internet habe ich einen Vergleichsrechner für Handytarife herausgesucht und musste ihm folgende Fragen beantworten: Wie viele Minuten telefonieren Sie täglich und monatlich? Na ja, mal so, mal so. Je nachdem, ob mich eine Freundin mal unverhofft in ein abendfüllendes Gespräch verwickelt, während ich gerade in einer anderen Stadt unterwegs bin oder im Auto sitze. Oder ob ich mit allen nur kurze Treffpunkte und Orte ausmache und dann wieder auflege. Und wie viele Kurzmitteilungen schreibe ich? Mal keine und mal ein Dutzend am Tag. Kommt ganz auf den Sparringspartner und meine Laune an. Kann man das verallgemeinern? Kann man bei den meisten Menschen nicht. Aber genau das tun die Pauschalen. Und das Phänomen dabei ist: Wenn wir unser eigenes Telefonverhalten für solche Tarifrechner einschätzen, dann rechnen wir sicherheitshalber überall ein paar Minuten

mehr ein, nur um am Ende nicht trotz Pauschale draufzah-
len zu müssen. Die Verlustaversion treibt uns dazu.

Ich habe es bei mehreren Tarifrechnern ausprobiert und versucht, meinen „Telefoniertyp" zu schätzen. Ich habe auf vielen Skalen und in vielen Kästchen angekreuzt, wie viele
Gespräche ich in welcher Länge und in welche Telefonnet-
ze führe. Und dabei mal am Rande gefragt: Weiß irgendje-
mand, wie viele seiner Freunde er jeden Monaten wie viele
Minuten in welchem Handybetreibernetz anruft? Also ich
bekomme das nicht zuverlässig auf die Reihe.

Früher war die Lage noch einfach. Als wir alle unsere ersten
Handys besaßen, waren die meisten meiner Freunde in meinem Netz unterwegs. Inzwischen hat jeder zigmal seinen
Anbieter gewechselt und ich habe komplett den Überblick
verloren, wie viele e-Plus, T-Mobile, Vodafone oder O_2-
Freunde ich habe. Zumal ich ja bei den meisten Anrufen
nicht einmal die Nummern eintippe, an denen man das
noch erkennen könnte, sondern nur noch Kurzwahltasten
drücke oder Namen im Adressbuch anwähle. Mein Ergebnis jedenfalls war: Der Handytarifvergleich riet mir, ich
solle eine Flatrate zwischen 40 und 45 Euro wählen. Je
nachdem, ob ich auch eine SMS-Pauschale wolle oder nicht.
Meine bisherigen Rechnungen dagegen sagen: In 10 von 12
Monaten komme ich sogar mit etwas weniger aus. Die
meisten von uns haben Flatrates gewählt, die üppiger sind
und mehr beinhalten, als wir in den allermeisten Monaten
bräuchten. Sie zahlen also dauerhaft freiwillig zu viel.

Merken würden wir das aber erst, wenn wir uns wieder auf den Modus der tatsächlichen Abrechnung einlassen würden, über einen Zeitraum von sechs oder besser zwölf Monaten unsere Rechnungen beobachten und so unser tatsächliches Telefonverhalten ergründen würden. Dazu müssen wir nicht einmal mit Stoppuhr neben dem Handy sitzen oder große Statistiken anlegen, sondern nur einen sekundengenauen Einzelverbindungsnachweis anfordern und den Taschenrechner rausholen. Das ist natürlich umständlich, verlangt viel Disziplin sowie die kurzfristige Abkehr von der sicheren Flatrate. Deswegen gehen die meisten bei der Tarifwahl nach der Pi-mal-Daumen-Methode vor. Sie überlegen vielleicht noch, welchen Fixbetrag sie monatlich für ihre Handyrechnung auszugeben bereit sind, schätzen aber grob den Rest und wählen dann den erstbesten Tarif.

Das Fatale ist aber: Wir vergleichen oft nur drei Faktoren bei der Tarifwahl, etwa die Minutenpreise, die SMS-Preise und vielleicht noch die Grundgebühr oder den Preis für das Handy selbst. Oder die Preise im Ausland. Nicht aber das Zusammenspiel aus allen Preiskomponenten, die beim Mobiltelefonieren zusammen den Monatspreis ergeben. Denn diese schwankenden Werte tatsächlich realistisch zu erfassen, darauf ist unsere Hirnkapazität nicht ausgelegt. Sie muss notgedrungen vereinfachen.

Das wissen auch die Handynetzbetreiber. Deshalb schnei-
dern sie für viele unserer denkbaren Telefonierprofile einen
Tarif, der besonders gut und günstig klingt – und ziehen
uns dann dort das Geld aus der Tasche, wo wir nicht mehr
so genau hinsehen – etwa beim SMS-Versand im Ausland,
bei den Preisen zum Abruf der Mobilbox, bei den Anrufen
in Fremdnetze oder beim Telefonieren vom Handy ins Festnetz. Möglichkeiten haben sie viele.

Aber auch, wenn es so scheint, als wäre nichts komplizierter, als im Dschungel der 1.000 Handytarife den richtigen
zu finden: Nichtwechseln ist oft teurer, als nicht hundert-
prozentig den billigsten Tarif per Vergleichsrechner gefunden zu haben. Und wer seinen tatsächlichen Bedarf anhand
ein paar alter Telefonrechnungen ungefähr schätzt, der
kann auch mal für eine Weile einen neuen Tarif ausprobieren, der ihm im Vergleich zum alten zumindest ein paar
Euro im Monat erspart. Nach einer Weile wird er ja wissen,
ob er damit hinkommt.[13] Denn auch wenn wir denken,
dass mittlerweile alle Telefongesellschaften ihre Preise nach
unten angepasst haben, wie arg die noch immer auseinanderklaffen, zeigt dieser grobe Vergleich: Wer Wenigtele-
fonierer ist und höchstens 30 Minuten pro Monat in sein
Mobiltelefon spricht, der zahlt dafür je nach Telefongesellschaft zwischen 5,30 Euro und 15 Euro. Normaltelefonie-
rer, die auf rund 90 Minuten Gesprächszeit kommen, kommen bei billigen Anbietern mit 20 Euro aus und zahlen bei

---

13 Tarifvergleiche im Internet bieten zum Beispiel die Webseiten
   www.toptarif.de , www.handytarife.de, www.verivox.de, www.telfish.com.

den teuren 31 Euro. Am wenigsten unterscheiden sich noch – prozentual gesehen – die Preise für Vieltelefonierer, die schon mal drei Stunden pro Monat mobil an der Strippe hängen. Sie zahlen zwischen 38 und 47 Euro allein an Gesprächskosten. Außerdem wette ich: Wenn wir mal ein paar Monate auf die Sicherheit der Flatrate verzichten würden – viele von uns würden schon allein dadurch Geld sparen. Vermutlich würden sie nämlich viel weniger „einfach nur herumtelefonieren" und sich ein bisschen beschränken. Und manche würden sich vielleicht wieder öfter live mit Freunden treffen, wenn sie merken, dass ihr Gesprächsbedarf größer ist als ihr Handybudget.

Sparen könnte aber auch ich durch einen Wechsel trotzdem: Weil mein Netzbetreiber nämlich jetzt zu denen gehört, deren Minutenpreise relativ hoch liegen, während die Konkurrenz ihre Preise schon nach unten angepasst hat. Und – das besänftigt meine größte Angst – ich müsste nicht mal meine Nummer dafür hergeben, weil man die längst zum neuen Anbieter mitnehmen kann. Zumindest aber könnte ich selbst bei meiner Telefongesellschaft sparen, weil meine Handygespräche laut Vertrag noch auf die volle Minute getaktet sind. Würde ich den Abrechnungszeitraum dagegen auf den Zehn-Sekunden-Takt umstellen oder sogar auf den Sekundentakt, so haben Ökonomen der Universität Frankfurt[14] herausgefunden,

---

14 Die noch unveröffentlichte Studie stammt von Bernd Skiera, Professor für Marketing und E-Commerce an der Goethe Universität Frankfurt, und Sebastian Oetzel.

könnte ich annähernd die Hälfte meiner Gesprächskosten
sparen.

Denn fast zwei Drittel aller Gespräche auf dem Handy dauern nicht mal eine Minute, jedes fünfte sogar nicht mal zehn Sekunden. Es sind Ultrakurzanrufe, in denen man nur schnell eine Uhrzeit bestätigt oder bei denen am anderen Ende wieder die Mobilbox anspringt, auf die man aber gerade nicht sprechen möchte. Oder bei denen die eigene Mobilbox anruft, für die man just keine Zeit hat. Insgesamt aber zahlen wir für diese abgebrochenen Gespräche, die viele Minutentaktverträge voll abrechnen, als hätten wir eine ganze Minute vertelefoniert. Dadurch zahlen wir rund 40 Prozent mehr, als wir es müssten, wenn wir uns genau takten ließen.

Bei einer Standardrechnung von 35 bis 40 Euro im Monat wären das rund 15 Euro, die wir einsparen könnten. Einfach so. Ganz ohne unser Telefonierverhalten zu ändern. Das sind 180 Euro im Jahr, 360 Euro auf die Vertragslaufzeit umgerechnet. Das kostet uns auch nur einen Anruf beim Telefonnetzbetreiber. Und vielleicht noch fünf Euro Umstellungsgebühr. Aber die hat man ja schon nach dem ersten Monat wieder raus.

Etwas einfacher ist es übrigens zu vergleichen, ob man als Festnetztelefonierer noch auf der billigen Seite steht. Vor allem, weil es für Festnetznutzer weniger Faktoren zu beachten gilt als beim Handy: Die einmaligen Anschlusskosten sind einer davon, aber die meisten Telefongesellschaften verzichten zumindest zeitweilig darauf, wenn sie wieder mal eine Sonderaktion fahren, um neue Kunden anzulocken. Bleiben noch die Kosten für die Grundgebühr, die Minutenpreise, die Preise für Gespräche zu Mobiltelefonen und eventuell noch der Preis für den Internetanschluss, den man gegeneinander aufrechnen muss.

Anders als bei Telefongesprächen gilt allerdings beim Internet: Flatrates sind sehr wohl sinnvoll. Früher hieß es mal, sie sind es für Vielsurfer. Aber sind wir das nicht inzwischen alle? Wer hat schon noch genau unter Kontrolle, wie viel Megabyte an Daten er sich täglich aus dem Netz zieht, sobald er auch mal Dateien herunterlädt, Fotos versendet oder einfach nur größere Dokumente oder PDFs abruft? Bei deren Datenmenge kann man sich schnell verschätzen – und irgendwie will man ja auch nicht pausenlos auf den Datenzähler im Browser starren, ob das Monatssoll schon erfüllt ist oder ob noch ein Download geht. Bei den derzeitigen Paketpreisen, zu denen Internet-Flatrates angeboten werden, lohnt sich das auch kaum noch. Bei den gängigen Anbietern gibt es Telefon- und Internet-Flatrate ab

20 Euro zum Beispiel für Studenten. Meist kosten sie aber im Paket 30 Euro im Monat.

Trotzdem gilt auch hier: Vergleichen spart jede Menge Geld. Denn weil Telefongesellschaften es uns ja nun nicht ganz so einfach machen wollen, haben sie noch etliche Zusatztarife für unterschiedliche DSL-Bandbreiten erdacht. Und am Ende liegen auch für einen „gewöhnlichen" DSL-6000-Telefonanschluss die Preise zwischen dem billigsten und teuersten Anbieter um satte 100 Prozent auseinander. Wer also bei der falschen Telefonfirma unterschreibt, zahlt 51 Euro pro Monat für den Anschluss mit Internet-Flatrate, Telefon-Flatrate und mit Router für den WLAN-Empfang. Wer dagegen bei der günstigsten Telefonfirma landet, bekommt dasselbe für 24 Euro im Monat. Tatsächlich für die Hälfte, also für 312 Euro weniger im Jahr. Spätestens bei der Summe sollte man dann doch mal ans Wechseln denken.

Nur auf einen Trick sollte man nicht vorschnell hereinfallen. Zumindest nicht, bevor man sich nicht über die Preise der anderen informiert hat: Eine beliebte Masche von Telefongesellschaften ist es nämlich, diejenigen, die bereits ihre Kunden sind, anzurufen und ihnen den Satz ins Ohr zu säuseln: „Wir möchten Ihnen gern ein Angebot machen. Sie haben derzeit einen DSL-2000er Anschluss und zahlen dafür soundsoviel Euro. Wir bieten Ihnen heute an, Ihren Anschluss auf den schnelleren DSL-6000-Tarif umzustellen. Der ist nicht nur schneller. Sie können damit auch

Geld sparen. Sie zahlen künftig fünf Euro weniger im Monat." Das sind 60 Euro weniger im Jahr, für einen schnelleren Anschluss.

Kein schlechtes Angebot, dachte ich beim ersten Anruf, wo ist also der Haken? Das erfuhr ich, nachdem ich einmal zu so einem Angebot gesagt hatte, „ja, stellen Sie mich doch auf den günstigeren Tarif um, wenn der wirklich weniger kostet." Die Telefonfirma tat nämlich nicht nur das, sondern schickte mir auch eine „Auftragsbestätigung" zu, bei der ganz hinten im Kleingedruckten stand, dass sich damit meine Vertragsbindung mal eben um 24 Monate verlängerte. Ich hatte den Telefonanschluss gerade zwei Jahre. Und bei meiner bisherigen Umzugshäufigkeit waren diese zwei Jahre eine Ewigkeit. Eine Ewigkeit, in der ich mal nicht meine Wohnung und meine Festnetznummer gewechselt hatte. Und eine weitere Ewigkeit würde es nun dauern, in der ich diesen Vertrag zwangsweise weiterbezahlen müsste, wenn ich in absehbarer Zeit mal wieder umziehen würde. Ich meine, es gibt Menschen, die wollen sich für zwei Jahre nicht mal auf eine Stadt oder auf einen einzigen Lebenspartner festlegen, weil man ja nie weiß, was morgen passiert. Und ich soll mich für so eine lange Zeit an einen Telefonversorger binden?

Natürlich sagen die Anbieter in solchen Momenten immer, dass es gar kein Problem sei, wenn sich mein Leben in der Zeit ändere. Den Anschluss und die Nummer könne ich ja mitnehmen. Ganz egal, wohin man zöge. Dummerweise

kenne ich viele Geschichten von Kollegen, die irgendwann
von der Stadt an den 30 Kilometer entfernten See zogen,
wo es leider noch keine Anschlüsse ihrer alten Telefonfirma
gab. Oder sie verpflanzten sich gleich in eine andere Stadt,
in der dieser Anbieter gar nicht erst aktiv war. Sie stritten
jahrelang wegen solcher Vertragsbindungen, die ja nicht
einmal sie selbst kündigen wollten, sondern die hinfällig
wurden, weil die Telefonfirmen sie trotz ihres Versprechens
irgendwann nicht mehr einhalten konnten. Und die hielten
die Weggezogenen dann einfach hin und buchten trotzdem
weiter das Geld ab. Oder sie vertrösteten sie weiter Monat
um Monat. Oder schickten freche Briefe, in denen sie die
Bewohner draußen am See aufforderten, doch einfach so
lange ohne Anschluss abzuwarten, bis dieser Ortsteil an das
jeweilige Anbieter-Netz angeschlossen wäre. Dafür bräuchte man nur noch ein paar Dutzend andere Kunden – und es
würde für alle zusammen auch nur mehrere tausend Euro
kosten.

Ich bin mir nicht sicher, ob ich einen Teil meiner Lebens-
zeit darauf verschwenden möchte, gegen so einen Telefonanbieter vor Gericht zu ziehen. Am Ende kostete es auch
mehr, als wenn ich mein Leben lang nur noch per Handy
telefoniere, wenn ich irgendwann mal irgendwo wohne, wo
es kein Festnetz gibt. Deshalb sage ich, wenn mich die
nette Dame von der Telefongesellschaft mal wieder anruft,
gerne „nein". Eines ist mir nämlich inzwischen aufgefallen:
Deren Anrufe haben System. Sie sind ziemlich sicher zu
erwarten, nachdem gerade die Vertragsbindung ausgelau-

fen ist. Und obwohl mir bei der letzten Umstellung wegen des neuen 24-Monats-Vertrages unwohl war: Ich habe ihn inzwischen abgesessen und abgezahlt. Ich bin jetzt wieder frei, ich kann wechseln. Und sage deshalb am Telefon lieber: „Die Vertragspartnerin ist zurzeit leider nicht erreichbar. Bitte sehen Sie von weiteren Anrufen ab und reichen Sie Angebote nur noch schriftlich ein." Seitdem vergleiche ich nämlich wieder die Preise.

Im Grunde seines Herzens scheut man ja eigentlich den Wechsel. Und ich kann auch sagen, warum: Schon wenn man sich damit abgefunden hat, dass man eine Wohnung kündigt und in eine andere einzieht, wenn man sich also geistig auf eine Zeit des Chaos und des Kistenpackens eingestellt hat, dann klappt nicht immer alles reibungslos. Meist bekommt man an genau dem Tag einen Termin für den Anschluss, an dem dann doch keiner Zeit hat, den Telefonmann in die Wohnung zu lassen. Oder der kommt gar nicht erst, weil er den Termin verschlampt hat. Und bis er einen neuen frei hat, verstreichen sechs Wochen. Oder er kommt, stöpselt aber leider nicht alles richtig an. Also kommt er noch mal. Aber leider wieder erst in sechs Wochen. Und es dauert insgesamt Monate, bis die Telefonanlage wieder richtig läuft.

Das sind keine Schauermärchen. Das ist alles, um es mit Hillary Clinton zu sagen, erlebte Geschichte. Aber bei Umzügen ist man ja auf viel vorbereitet. Hat man sich dagegen längst in einer Wohnung eingerichtet und daran gewöhnt, dass ein Telefon funktioniert, wenn man den Hörer abnimmt und auch der Computer sich klaglos ins Internet einwählt, ist die Wechselhürde noch viel höher. Das ist der Grund, weswegen ich bisher meine Telefonanschlüsse zwar oft genug gewechselt habe, aber nie freiwillig.

Die gleiche Energie – zum kleineren Preis

Mit Gas und Strom ist das genauso. Wenn ich da jemals beschließe fremdzugehen, müsste ich mir wahrscheinlich vorher im Keller ein Warenlager an Kerzen, Streichhölzern und Wolldecken anlegen, für den Fall, dass es mal wieder länger dauert, bis ich angeschlossen bin. So ähnlich habe ich mir das bisher vorgestellt. Was natürlich Quatsch ist. Denn richtig abgeklemmt von der Zufuhr wird man dabei gar nicht. Die Leitung steht, das Gas fließt weiter, der Strom auch. Es ist nur die Frage, an wen man zwischendurch noch wie lange welche Summe zahlt. Trotzdem, dachte ich. Und ein paar Leute sehen das genauso, zum Beispiel mein Kollege. Der wagte den Wechsel beim Strom- und Gasversorger allerdings. Er war wild entschlossen zu sparen und meinte: „Ich probier das jetzt mal aus. Zur Not können wir es ja als Selbstversuch veröffentlichen." Als Geschichte eines gescheiterten Wechsels.

Was ihn antrieb, waren die Zahlen, die wir recherchiert hatten. Es ist nämlich nicht nur ein Gerücht, dass auch bei

Strom und Gas zwischen dem jeweils billigsten und teuersten Anbieter eine ganze Jahresabrechnung liegt. Die Preise haben sich insbesondere in den vergangenen Monaten noch einmal drastisch verschoben. In den Monaten, in denen die Preise für Öl und Gas an den Börsen erst rasant nach oben schossen – was fast alle Versorger sofort an ihre Kunden weiterreichten –, die aber bald darauf wieder kräftig fielen. Was etliche Anbieter dann aber weiterzugeben vergaßen. Nur diejenigen, die noch um Kunden buhlen, also die kleineren auf dem Markt, machten auch die Preissprünge nach unten mit. Und haben damit nun gute Argumente.

Strom

Eines stimmt dagegen so gut wie immer, sagt eine bundesweite Untersuchung: Es geht in jeder Stadt billiger als bei den örtlichen Stadtwerken, bei denen noch immer ein Großteil von uns Kunde ist. Es soll sich also keiner mehr drauf herausreden, dass es in seinem Ort keine Alternativen gäbe. Wie sehr es sich lohnt, die zu vergleichen, zeigt diese Stichprobe: Ein Vier-Personen-Haushalt mit einem durchschnittlichen Jahresverbrauch von 4.000 Kilowattstunden Strom kann in einer deutschen Großstadt wie München entweder knappe 1.000 Euro für den Strom bezahlen (979 um genau zu sein) oder aber nur 614 Euro. Das sind etwa 40 Prozent weniger, 365 Euro im Jahr. Die örtlichen Stadtwerke sind hier mit ihrem allgemeinen Preis der teuerste

Anbieter. Sie bieten mit 829 Euro zwar immerhin auch
einen billigeren Internet-Tarif an, liegen aber auch damit
noch im Spitzenbereich und verlangen immer noch rund
200 Euro mehr als der billigste Versorger.

Bei einem kleineren Haushalt, etwa einem durchschnittlichen Zwei-Personen-Haushalt mit 2.500 Kilowattstunden Verbrauch, ist der Unterschied noch enormer: Hier verlangt der teuerste Anbieter knapp das Doppelte des billigsten Versorgers, nämlich 642 Euro statt 349 Euro. Auch hier
gilt: Von den Stadtwerken wegwechseln lohnt sich, sie liegen auch hier mit 538 Euro deutlich im Hochpreisbereich
und könnten um 200 Euro unterboten werden. Und das
war nur das Beispiel für die Strompreise.

Gas

Für die Gasversorgung gilt das nämlich ganz genauso. Wieder am Beispiel München gerechnet, sieht es so aus: Eine
Familie, die ihr Ottonormal-Reihenhaus mit Gas beheizt,
hat die Wahl, ob sie dafür knapp 1.000 Euro im Jahr aus-
gibt oder 1.500 Euro. Und ich bin ziemlich sicher, dass
gerade Familien mit den gesparten 500 Euro etwas viel bes-
seres anzufangen wüssten, als es ihren Gasanbietern zu
schenken. Bei den örtlichen Stadtwerken bezahlen sie übrigens 1.239 Euro, denen schenken sie also auch wieder rund
250 Euro, wenn sie bei ihnen bleiben.

So, und jetzt sollten alle Ein- und Zwei-Personen-Haushalte einmal kräftig durchatmen und danach umgehend den Ordner mit ihren letzten Gasabrechnungen aus dem Regal ziehen: Sie zahlen nämlich im günstigsten Fall 300 Euro für ihr Gas. Im ungünstigsten Fall 1.100 Euro. Bei ihnen steht die Spanne, die zwischen dem billigsten und dem teuersten Versorger klafft, in überhaupt keinem akzeptablen Verhältnis mehr. Andersherum gesagt: Sie könnten mit dem, was viele von ihnen überteuerten Gasanbietern hinterherwerfen, ihre vier Wände bei einem anderen beinahe vier Jahre lang beheizen.

So, und wer jetzt noch nicht den Ordner mit den Rechnungen rausgeholt hat, der hat wirklich Geld zu viel. Meine Rechnung ging jedenfalls so, als ich diese Zahlen las: Wenn ich mir mal auch nur einen Tag Zeit nehme – Zeit, die man eigentlich nie hat, ich weiß, aber, wenn ich sie nun trotzdem mal opfere –, um all meine Verträge zu checken, dann hätte ich mit den 800 Euro, die sich beim Gas sparen lassen, den 300 Euro vom Strom und den 150 Euro beim Telefon womöglich insgesamt 1.250 Euro zusammen. Genug Geld, um damit mal locker einen Urlaub zu finanzieren und für einen Tag Arbeit zwei Wochen für lau wegzufahren.

Am Ende ärgerte ich mich fast ein bisschen, dass meine Grundversorger nicht zu den allerteuersten gehörten und ich „nur" ein verlängertes Wochenende mit dem Wechseln sparen würde. Aber ich fand es trotzdem in Ordnung, dass ich mich einen Tag lang vor die Tarifrechner[15] klemmte, meine Verbrauchsdaten in viele unterschiedliche Spalten eintrug und Wechselformulare herunterlud, die zum Teil sogar online ausfüllte und abschickte – und dass mir die Stadtwerke dieser Welt nun indirekt einen Wellnessurlaub finanzieren, bei dem ich mich an drei Tagen mit Quarkmaske und Ölmassage wieder davon erholen kann.

Alles, was ich nun inständig hoffe: Dass wenigstens dieser Umzug mal einwandfrei funktioniert. Also fragte ich nach ein paar Wochen lieber mal meinen Kollegen, was denn nun sein Selbsttest ergeben hat. Ich gebe zu, das Ergebnis hat mich einigermaßen überrascht.

Wechseln kann so einfach sein

Na ja, antwortete er. Er habe also auf einer der Internetseiten mit den Tarifvergleichen seine Daten eingegeben und Formulare ausgedruckt. Es sei ein bisschen trickreich gewesen, sich durch all die Hinweise zu wühlen, welche Bonusaktionen und welche Normalpreise die Versorger gerade wo anböten, sich zu entscheiden, ob er nun für ein Jahr oder gleich für mehrere zum neuen Anbieter wechseln wolle, zu bestimmen, in welchem Zeitraum er Vorauszahlungen leisten würde – denn die jährliche Zahlung spart zwar ein paar Euro, aber damit verpulvern Kunden auch einen Batzen

---

15 Zum Beispiel www.toptarif.de oder www.verivox.de.

Geld schon am Jahresanfang, den sie über die gesamte Jahrsspanne auch gewinnbringender hätten anlegen können. In guten Zeiten nämlich wirft die gleiche Summe – zwischengeparkt auf dem Tagesgeldkonto – mehr Zinsen ab, als die Anbieter an Ersparnis bieten. In Zeiten wie diesen mit 1,5 Prozent Niedrigzinsen kommt es oft bei Plusminus Null raus.

Und dann stand mein Kollege noch vor der Frage der Preisgarantie: Sollte er sich vom Strom- und Gasversorger garantieren lassen, dass es bei diesem Preis bliebe? Oder sollte er das Risiko steigender Preise eingehen? Viele Kunden kreuzen momentan lieber an, dass sie die Preisgarantie gleich mitkaufen (dadurch wird der Grundpreis nämlich ein paar Euro teurer), weil die Preise in der Vergangenheit stark gestiegen sind. Genau das aber ist der Grund, weswegen die Tarife demnächst auch mal sinken könnten. Die Rohstoffe waren in den vergangenen Monaten bereits auf dem Sinkflug, und die Gasanbieter müssen das, was sie daher selbst beim Einkauf sparen, bald an ihre Kunden weitergeben. Auch, weil ihnen die europäischen Wettbewerbsbehörden schon seit einer Weile stärker auf die Finger schauen und sie dazu aufgefordert haben.

Im Augenblick könnte es sich daher noch lohnen zu pokern. Mein Kollege jedenfalls tat es. Sonst machte er nicht viel: Er druckte den Antrag aus dem Internet aus, trug seine Adresse und seine Daten ein, adressierte ihn an den Tarifvergleich und steckte den Brief in die Post – und wartete.

Eine gute Woche später lag ein Brief von seinem neuen Stromversorger in seinem Postkasten: Er freue sich über den Auftrag. Den hatte er nämlich vom Tarifvergleich geschickt bekommen. Nun werde er meinen Kollegen bei dessen bisherigem Versorger abmelden und sich um die Ummeldung kümmern. Wiederum eine gute Woche später erhielt er einen neuen Brief: Der alte Stromanbieter habe die Kündigung bestätigt, die Ummeldung sei damit erfolgt und man begrüße ihn hiermit als „Neukunden zum 1. Juni dieses Jahres". An diesem Tag sei auch der Lieferbeginn. Danach kam nur noch die Rechnung, pünktlich jeden Monat mit den Überweisungsträgern für die Vorauszahlung. Mein Kollege hat jetzt seinen neuen Strom – und hätte von der ganzen Umstellung um ein Haar gar nichts mitbekommen.

Ich kann verstehen, dass wir bei vielen Dingen ein großes Beharrungsvermögen zeigen, frei nach dem Motto: Unser Leben ist schon wechselvoll und aufregend genug. Da muss sich ja nicht ständig alles ändern. Stimmt, aber es sollte vielleicht nicht zu dem kuriosen Verdrängungswettbewerb führen, dass wir zwar Wohnorte und Partner wechseln, obwohl die Wechselkosten dabei mächtig hoch sind, während wir dann mit Strom-, Gas-, Telefon- und Versicherungsanbietern einen Bund fürs Leben eingehen, der uns ziemlich teuer zu stehen kommt. Da kann Wechseln nämlich wirklich einfach sein.

Das soll ein Witz sein, dieser Ratschlag, oder? Wenn es so einfach wäre, weniger Energie zu verbrauchen, ohne dafür auf Großkühlschränke, Computer oder Flachbildfernseher zu verzichten, dann würden wir es doch wohl tun, oder? Genau das aber stimmt eben nicht. Ich komme jetzt auch nicht mit dem Ratschlag um die Ecke, dass wir demnächst wieder öfter bei Kerzenschein essen sollten, unsere Wäsche bei Regen draußen hinhängen, weil das die Waschmaschinenkraft spart, und unser Gemüse im Winter auf dem Balkon bunkern, damit wir auch noch dem Kühlschrank den Stecker rausziehen können.

Es geht tatsächlich einfacher: Mehr als 400 Euro Stromkosten im Jahr kann ein Vierpersonenhaushalt sparen, wenn er seinen Gerätepark nach und nach auf Energiespargeräte umstellt. Bei einem Singlehaushalt sind es immerhin 320 Euro, das hat die Stiftung Warentest ermittelt. Toller Tipp, denken jetzt viele, leider habe ich aber nicht das Geld für den neuen Kühlschrank, Herd oder die umweltschonende Waschmaschine. Sonst hätte ich die Dinger ja längst ersetzt. Also müssen es erst noch die alten Schätzchen tun. Dass die uns aber auch jedes Jahr mehr Geld kosten, als nötig wäre, und sich so ein neuer schon in ein paar Jahren lohnen würde, rechnen wir uns dabei oft nicht vor. Wer zum Beispiel einen alten Kühlschrank hat, spart beim Umstieg auf die energieeffizienteste Klasse (A++) bis zu einem Viertel der Energie. Das bedeutet: In vier Jahren hat sich der Kauf bezahlt gemacht.

Noch einfacher geht es aber auch: Kühlschränke und Waschmaschinen sind die größten Stromfresser im Haus, neben der Beleuchtung. Bei allen dreien spare ich jetzt, ohne dass es mir bisher aufgefallen ist. Seit die billigsten Energiesparlampen nicht mehr acht Euro kosten, sondern sie auch schon für drei Euro im Drogeriemarkt zu haben sind, habe ich in einer konzertierten Aktion sämtliche Lampen ausgetauscht. Damit verbrauche ich jetzt 80 Prozent weniger als vorher.

Manche meiner Freunde meckern, dass Energiesparlampen kein schönes Licht machen oder immer erst drei Sekunden brauchen, bis sie voll brennen. Mich stört das ehrlich gesagt nicht. Zumindest Letzteres hat mein Leben entschleunigt. Vorher war es so, wenn ich einen Raum betrat: Nach dem Druck auf den Schalter bin ich oft mit Karacho losgestürmt und stieß mich trotzdem am nächstbesten Möbelstück, weil sich die Augen so schnell gar nicht an das Licht gewöhnen konnten. Jetzt bleibe ich eben drei Sekunden stehen und sehe dem Licht beim Angehen zu. Und dann presche ich erst los.

Ich gehörte auch bisher zu denjenigen, mit deren Kühlschrankinhalt man mühelos die Gletscher Grönlands wieder hätte auffüllen können. An den Wänden meines Gefrierfachs wuchsen Eisschollen, auf die Glaziologen geradezu stolz gewesen wären. Weil es mir jedes Mal ein Graus war, das Ding abzutauen, nicht zu wissen, wohin mit den Tupperdosen voller Gemüse, Rouladen und Lasagne, und

keine Lust hatte, stundenlang mit nassen Lappen herumzu-
hantieren.

Aber seit ich weiß, wie viel Strom meine Mini-Arktis frisst,
mache ich eben alle sechs Monate eine Abtauparty. Dann
hat der Schrank einen Tag lang Pause und für abends lade
ich mir Freunde ein, die mit Genuss über die Tupperdo-
senvorräte herfallen. Ansonsten weiß ich jetzt: 5 bis 7 Grad
als Betriebstemperatur im Kühlfach reichen auch, das
Staubsaugen auf den Außenlamellen erspart dem Schrank,
dass er warmläuft. Und der Kühlschrank ist kein Gesell-
schaftsgerät: Wenn er nicht neben Herd, Waschmaschine
oder Spülmaschine steht, lässt ihn das völlig kalt. Bei
Waschmaschinen gilt übrigens: Wenn man ihr Fassungs-
vermögen gut ausnutzt, also nicht nur drei T-Shirts rein-
packt, und öfter mal auf 40 Grad wäscht, spart auch das
Geld. Und wer im hohen Drehzahlbereich seine Kleider
schleudert, der kann sich eines sogar ganz sparen: den
Wäschetrockner.

Wenn man davon ausgeht, dass Menschen, die es selber zu Millionen gebracht haben, wohl eine gewisse Expertise mitbringen müssten, was den Umgang mit Geld betrifft, dann könnte man sich ja vielleicht auch mal einen ihrer Ratschläge zu Herzen nehmen. Der Amerikaner John D. Rockefeller, Erdölmagnat und vor hundert Jahren einer der reichsten Männer seiner Zeit, hat mal sehr treffend gesagt: „Lieber eine Stunde über Geld nachdenken, als eine Stunde für Geld arbeiten."

Gut, das sagt sich leicht, wenn man schon ein paar Millionen auf dem Konto hat. Aber wenn man wirklich mal darüber nachdenkt, stellt man fest: Der Mann hat recht. Es ist zwar gut, ab und zu etwas dafür zu tun, dass mehr Geld in die Kasse hineinfließt. Das beweist Kapitel 1. Außerdem bringt es eine Menge, gelegentlich darüber nachzudenken, wo es wieder abfließt und sich dabei gerade die vermeintlich unvermeidlichen Ausgaben genauer anzugucken. Das zeigt Kapitel 2. Aber dass es auch ziemlich sinnvoll ist, nicht nur die Zu- und Abflüsse zu betrachten, sondern auch den Teil des Geldes, den wir in viele Töpfen schaufeln, damit es uns morgen und übermorgen das Leben erleichtert – darum geht es in diesem Kapitel.

Das ist nämlich das Geld, das für uns arbeiten soll – und es auch kann –, wenn wir wirklich darüber nachdenken, was wir damit machen. Und ich weiß genau, was Sie jetzt denken: Geld, das ich übrig habe? Das für mich arbeiten soll? Habe ich nicht. Ich habe ja so schon kaum genug, was soll da zum Sparen übrig bleiben? Aber ich würde wieder eine Wette eingehen: Das Geld ist da. In jeder Haushaltskasse. Manchmal muss man nur zweimal hinsehen, um es zu entdecken.

Es geht also um das Geld, das wir verwenden, um es für die Zukunft zu sparen oder um davon etwas zu kaufen, das uns nicht heute, sondern erst morgen oder übermorgen nützt. Das nämlich ist der Teil unserer Kassenbestände, bei dem es sich am meisten lohnt, ab und zu darüber nachzudenken. Denn an dieser Front verlieren wir langfristig gesehen richtig viel Geld. Geld, das dann an anderer Stelle wieder fehlt.

Kurioserweise ist es zudem so: Auch wenn wir irgendwann mehr übrig haben und viel besser verdienen – wenn uns an der Spar- und Anlagefront die richtige Strategie und die richtigen Produkte fehlen, können wir noch so viel Geld auf die Seite schaufeln, es wird irgendwo versickern. Zumindest wird es am Ende nicht so viel abwerfen, wie wir eigentlich bräuchten oder wie wir auch mit weniger Geld daraus hätten machen können.

Es ist so wie mit dem Eimer und dem Leck: Bevor wir uns anstrengen, noch mehr Geld in einen Eimer hineinzuschaufeln, der am Boden ein Loch hat, ist es sinnvoller, sich erstmal einen ordentlichen Eimer zu besorgen. Oder zumindest das Loch in unserem alten abzudichten, damit drin bleibt, was reinkommt. Besser sparen ist also zunächst keine Frage der richtigen Menge, sondern zuerst einmal eine Frage des richtigen Eimers.

Aber das Sparen ist zugegeben eines der schwierigsten Themen überhaupt. Während wir bei monatlichen Gehältern, Rabatten und Ausgaben im Laufe der Zeit zu kleinen Verteilungsexperten werden und Erfahrungen sammeln, ist das Tückische am langfristigen Sparen: Es gibt noch mehr unterschiedliche Produkte, Tarife und Preise als auf dem Strom-, Gas- und Telefonmarkt. Nur kann man sich beim Sparen kaum eine Vorstellung davon machen, ob das gekaufte Produkt auch gut ist. Außerdem kann man es nur schwer mit ähnlichen Angeboten vergleichen, weil wir oft nicht offengelegt bekommen, was sich in einem Angebot wirklich an Kosten, Gebühren und Zinsen verbirgt. Weswegen wir uns fragen: Woher wissen wir nun, ob ein Produkt, in das wir jahrelang unser Geld stecken, auch ein guter Kauf ist? Wir wissen das leider immer erst, wenn die Jahre verstrichen sind. Wenn wir das Geld, das wir gehortet haben – oder zu horten meinten – auch brauchen. Und wenn es dann nicht reicht?

Nur Philosophen wie Schopenhauer konnten angesichts dieser Aussicht so lapidar dichten: „Kein Geld ist vorteilhafter angelegt als das, um welches wir uns haben prellen lassen; denn wir haben dafür unmittelbar Klugheit eingehandelt." Schließlich nützt uns diese Klugheit am Ende unseres Lebens auch nur wenig, wenn sie auf das Fazit hinausläuft: Heute weiß ich, wie ich es auf keinen Fall hätte machen sollen. Dann aber ist es oft zu spät, mit einem Wechsel noch viel zu erreichen. Und vorher ist ein Wechsel teuer, weil wir durch Steuern, Gebühren und Stornokosten jedes Mal viel Geld verlieren. Das alles klingt jetzt so bedrohlich, dass viele um das Thema Sparen einen Riesenbogen machen. Es ist aber mit ein paar Grundregeln gar nicht so schwer.

Die erste wichtige Grundregel ist: Überlege genau, an wen Du Entscheidungen delegierst, wenn Du sie nicht selber treffen willst. Und von wem Du Dir Rat holst, wenn Du nicht sicher bist. Denn selbst, wenn wir uns denjenigen anvertrauen, die sich von Berufs wegen mit der Geldanlage beschäftigen, stecken wir in einem Dilemma: Wenn wir zu wenig wissen, worum es geht, dann müssen wir ihnen einfach glauben. Natürlich sagen Berater in Gelddingen immer, dass sie sich auskennen und wir bei ihnen gut beraten sind. Aber: Weiß man's? Kann man bei einem professionellen Bankberater, Anlagevermittler oder Versicherungsvertreter wirklich davon ausgehen, dass er das Optimum für unsere Zukunft herausholt? Oder holt er nur unser Bestes aus uns heraus – unser Geld?

Es gibt dieses ungute Gefühl, wenn einem jemand erzählt, wovon man selber nichts versteht. Es beschleicht mich zum Beispiel regelmäßig, wenn ich in meine Autowerkstatt fahre und am Ende mit einem DIN-A-4-Blatt voller Reparaturaufträge herauskomme, die ich auch unterschrieben

habe. Was wäre, wenn meine Werkstatt mir die teuren
Reparaturen nun nur aufgeschwatzt hat – obwohl die Hälfte davon gar nicht wirklich nötig wäre? Es ist das Dilemma
von der Informationsasymmetrie. Der Mitarbeiter in der
Werkstatt verdreht mal wieder die Augen, wenn er meinen
Wagen ansieht und sagt, die Bremsen seien nahezu her-
untergefahren und der Auspuff roste mir irgendwann
unterm Bodenblech weg, wenn wir ihn nicht bald erneuer-
ten. Dann stehe ich vor meinem Auto und nicke nur. Ja,
wenn er das sagt, dann reparieren wir das besser.

Ich könnte nun in solchen Momenten einen unabhängigen
Experten einschalten, wenn ich mit der Entscheidung über-
fragt bin, ob wir die Bremsen unbedingt reparieren müssen.
Ich könnte den Telefonjoker wählen und einen Kumpel anrufen, der Fahrzeugtechnik studiert hat, damit er sich unters
Auto legt und das überprüft. Und im Zweifelsfall sagt: Das
hält noch, das muss noch nicht gemacht werden. Aber vor mir
steht schließlich ein Mann, der Tag für Tag genau an solchen
Autos wie meinem herumschraubt und ihre Macken kennt.
Er sollte wissen, was er tut. Und was er mir rät. Es geht doch
auch um meine Sicherheit. Glaube ich dem Werkstattmann
nicht, dass meine Bremsen abgefahren sind und lande damit
im übernächsten Graben, habe ich verdammt viel Lehrgeld
für meine Unwissenheit gezahlt. Also wäre es doch langfristig
billiger, ich würde auf ihn hören, oder?

Genau hier ist unser Verhältnis in der Schieflage: Der
Mechaniker kennt dieses Auto genau und weiß tatsächlich,

was nötig ist. Ihm ist aber auch klar, dass ich es höchstwahrscheinlich nicht weiß, wenn ich nicht gerade selber Fahrzeugmechanikerin bin. Er könnte also meine Unwissenheit eiskalt ausnutzen und mir viel mehr verkaufen als ich wirklich brauche. Er könnte mich finanziell melken wie eine Kuh. Und ich würde es nicht einmal merken. Weil ich sein Wort ja für ein Gesetz halte, das Gesetz des allwissenden Automechanikers, das ich sowieso nicht widerlegen kann. Ich muss mich entscheiden: Ist er der Werkstattmann meines Vertrauens? Dann glaube ich ihm und mache alle Reparaturen mit. Oder vertraue ich ihm nicht, das könnte sich im Moment auszahlen, aber später schwerwiegende, nicht abschätzbare Folgen haben. In diesem Dilemma stecken wir auch allzu oft bei der Geldanlage.

Auch beim Sparen müssen wir uns öfter notgedrungen den Beratern und Verkäufern anvertrauen. Denn es gibt zwar einige Sparprodukte, die wir uns selbst besorgen können – etwa Sparpläne von Banken und Fonds –, aber bei den großen Fragen, die viel Geld verschlingen, sind wir oft auf die Männer und Frauen aus der Finanzwerkstatt angewiesen. Zum Beispiel wenn es um Dinge geht wie Konto und Kredit, um Darlehen für den Hauskauf und die Versicherung für die ganze Familie.

Selbst wenn wir mit solchen Fragen zu unabhängigen Finanzberatern gehen, die sozusagen nicht für eine Werkstatt arbeiten und von ihr bezahlt werden, sondern die nur uns verpflichtet sind – ein paar Fragen müssen wir auch bei denen selbst beantworten: Wofür sparen wir? Für ein Auto, ein Haus oder gleich für die Rente? Wie viel haben wir jeden Monat wirklich verlässlich übrig – und wie viel nur vielleicht? Und wir müssen Prioritäten setzen: Wie risikofreudig sind wir? Wollen wir die hundertprozentige Sicherheit, dass wir unser Geld zu jeder Zeit abheben könnten, wenn eine persönliche Krise kommt? Oder sitzen wir schlechte Zeiten aus und vertragen zur Not auch mal 10 Prozent Verlust auf dem Depot?

Bei solchen Fragen hilft uns keiner, außer wir uns selbst. Wir sollten also die Sache mit dem Geld nicht nur sklavisch faktengetrieben sehen, sondern vielleicht zuerst ein bisschen philosophisch angehen und in uns hineinhorchen. Dann erst kommt das, was der Theaterdichter Edouard Bourdet mal so sagte. „Mit dem Geld ist es wie mit den Frauen: Um es zu behalten, muss man sich schon darum kümmern." Danach also sollten wir uns um ein paar Fakten kümmern. Und dabei sollten wir nicht aufhören, eines zu tun: fragen, immer wieder nachfragen! Und auch bei der Eine-Million-Euro-Frage ohne Telefonjoker nie den Mut verlieren.

Auf der Jagd nach dem Superzins

Viele Sparer hatten in den vergangenen Jahren einen neuen Volkssport entdeckt – das Kontohopping. Angetrieben vom immer höher werdenden Tagesgeldzins haben sie ihre Konto- und Bankverbindung schneller gewechselt, als andere die Wechselstatistiken führen konnten. In rasanter Geschwindigkeit ist so das Tagesgeld die beliebteste Anlageform der Deutschen geworden. Allein seit dem Jahr 2000 ist eine dreistellige Milliardensumme auf die verzinsten und trotzdem täglich verfügbaren Konten geflossen. Die genaue Summe nennt keiner, aber grobe Schätzungen gehen davon aus, dass es wohl mehrere hundert Milliarden Euro sind, die so von einer Bank zur anderen wanderten. Und da ist die Massenwanderungsbewegung, die im Herbst 2008 stattfand, als Millionen verunsicherte Kunden in der Hoch-Zeit der Bankenzusammenbrüche ihr Geld umschichteten, noch nicht einmal mit eingerechnet.

Die enorme Beweglichkeit hätte den deutschen Bankkunden bis vor ein paar Jahren noch kein Experte zugetraut. Bisher nämlich waren sie bei der Wahl ihrer Bankverbindung und bei deren Pflege fast so treu wie bei ihren Partnerschaften. Mittlerweile gehören sie zu den wechselfreudigsten Bankkunden in ganz Europa. Nur die Schweden nehmen es mit der Treue noch weniger genau. Die Zeiten ändern sich eben.

Es ist auch kein Wunder, dass auf den Konten einiges in Bewegung kam: Die Zinsen auf den Sparbüchern – die lange das beliebteste Anlageobjekt der Deutschen waren und immer noch millionenfach in den Schubladen liegen – dümpelten beim Tiefststand von 1 Prozent vor sich hin. Die Zinsen fürs Tagesgeld dagegen stiegen. Stetig. Und alle paar Wochen tauchte an irgendeiner Ecke wieder eine neue Bank auf, die mehr fürs Geld versprach. Die Banken überboten sich gegenseitig mit Superzinsen. Mit knapp 5 Prozent Zinsen warb in guten Zeiten der großzügigste Anbieter und ständig lockte ein neuer.

Dann kam der Einbruch und zwar ziemlich plötzlich. Mit jeder neuen Krisennachricht und jedem Konjunkturpaket schraubte die Europäische Zentralbank (EZB) die Leitzinsen weiter nach unten. Und in dessen Gefolgschaft kappten die Banken den Tagesgeldzins. Aber auch, wenn die Verzinsung innerhalb weniger Wochen fiel: Nach dem Zwischentief zum Jahreswechsel 2008/2009 schaukeln sich die Banken auch jetzt schon wieder gegenseitig auf. Längst haben sich einzelne wieder auf einen Zinssatz von knapp 4 Prozent gesteigert. Auch – oder vielleicht gerade – weil der Durchschnitt der Tagesgeldanbieter angesichts derzeit historisch niedriger EZB-Leitzinsen mit 2 Prozent weit darunter liegt.

Damit wir in dem Gewirr nicht den Überblick verlieren, sagen uns die Tagesgeldvergleiche in Medien und Internet[16] wöchentlich, welche Höhe die Tagesgeldzinsen bei anderen Banken erreicht hatten, und machen irgendwann selbst den treuesten Bankkunden nervös: Warum bezahlt meine Bank momentan nicht mal 2 Prozent, wenn es woanders längst wieder 4 Prozent gibt? Die Geldwanderungsbe-

---

16 Gut und detailliert sind die Vergleichsrechner bei Biallo www.biallo.de und die der FMH-Finanzberatung www.fmh.de.

wegung hält also an. Denn an verlockende Tagesgeldzinsen haben wir uns inzwischen gewöhnt. Daran, dass der Parkplatz Tagesgeldkonto erheblich mehr bringt als das gute alte Sparbuch, auch. Man muss also nur die Augen offen halten. Ist das die Lösung?

Wer tatsächlich jedes aktuelle Topangebot der Banken annehmen will, könnte spätestens alle zwei Monate sein Geld umschichten. Viele tun es auch zumindest ab und zu. Ich kenne Leute, die haben ihr Konto und Depot sogar monatlich umgeschichtet. Das ist kein Witz. Es waren auch keine Leute, die zu viel Zeit und sonst keine Hobbys haben. Andere wechselten wenigstens einmal im Jahr. Anfangs schichteten sie von Direktbank zu Direktbank, wenn die Konkurrenz mal wieder mit 1 Prozent vorbeigezogen war. Später zu Autobanken, die auch eine Scheibe vom Tagesgeld abhaben wollten und mit Kampfzinsen lockten.

Ganz Mutige überwiesen ihr Geld sogar ins Ausland oder zumindest zu deutschen Ablegern ausländischer Banken mit unaussprechlich lustigen Namen. Das Tagesgeld floss nach Russland, nach Lettland, nach Island. Allein die isländische Kaupthing Bank zog 300 Millionen Euro aus Deutschland an, 30.000 Kontoinhaber eröffneten hier ein Depot. Es waren häufig nicht einmal die besonders Abgebrühten, keine Zocker. Es waren auch ein paar meiner Freunde darunter. Sogar mehr als ich für möglich gehalten hätte. Menschen, die ich zu den eher sicherheitsbewussten und informierten Anlegern zählen würde. Und die sich

schließlich von den Tagesgeldvergleichen verleiten ließen,
einfach das beste Angebot anzunehmen. Bei solchen Banken waren schließlich 5 Prozent und mehr, also besonders hohe Zinsen, drin. Und auch ein besonders hohes Risiko, aber das merkten viele erst später.

Mittlerweile ist die Geschichte der isländischen Kaupthing Bank bekannt: Sie ist pleite. Der mächtig angeschwollene Bankensektor mit seinen drei Instituten hat den ganzen Inselstaat in der Finanzkrise in den Ruin getrieben. Welche Kreise die Pleite zog und wie viele meiner Freunde betroffen waren, merkte ich, als sie verzweifelt bei mir anriefen und wir stundenlang Strategien wälzten, wie sie denn nun an ihr Geld kämen. Ob sie es jemals wiedersähen. Monatelang waren sie von der Verfügung über ihr Geld abgeschnitten. Denn die Bank weigerte sich schlicht, das verwahrte Geld wieder herauszurücken. Trotz vorheriger Zusagen. Trotz der offiziellen isländischen Einlagensicherung.

Das war einer der Knackpunkte im Tagesgeldsystem: die Einlagensicherung. Darauf hatten die Vergleiche zwar auch stets hingewiesen: Bis zu welcher Höhe die Einlagen der Bankkunden durch EU-Sicherungseinrichtungen, durch staatliche Hilfsfonds oder durch einen freiwilligen Fonds der Banken abgesichert wären. Laut EU-Regelung waren bis dahin 20.000 Euro pro Anleger abgesichert. In freiwilligen Sicherungsverbünden wie dem der deutschen Banken waren es noch viel mehr. Das alles galt für den unwahrscheinlichen Fall einer Bankpleite. Denn das waren Bankpleiten bis zum Herbst 2008: extrem unwahrscheinlich. Deshalb legten viele Sparer ihr Geld sogar da an, wo die Einlagensicherung nur die europaweit vorgeschriebene Mindestgrenze von 20.000 Euro betrug und wo sie zudem nicht einmal von der Europäischen Union garantiert wurde, sondern „nur" vom Staate Island. Der sich nun mit seiner Pleite partout nicht mehr an dieses Versprechen erinnern wollte.

Trotz solcher Geschichten: Auf Tagesgeldkonten ist das Geld der meisten von uns seitdem geblieben. Sie erleben sogar einen regelrechten Boom seit einigen Monaten. Obwohl sie mittlerweile den Zinssatz rasant gesenkt haben. Warum nehmen Bankkunden das alles trotzdem hin? Weil viele wenig Alternativen sehen, es täglich verfügbar zu parken – selbst Sparbücher muss man schließlich drei Monate im Voraus kündigen – und gleichzeitig sicher. Und dazu noch verzinst. Wo geht das schließlich sonst? Es geht inzwischen mit der Tagesgeldanleihe des Bundes. Die Bundesrepublik Deutschland macht nämlich seit Juli 2008 den Banken Konkurrenz mit einem eigenen Tagesgeldprodukt. Da ist das Geld ebenfalls täglich abrufbar, man leiht es dabei dem Staat, und der verzinst es nach dem täglich wechselnden Zinssatz EONIA. Der berechnet sich danach, zu welchem Zinssatz sich die Banken untereinander täglich Geld leihen und welchen Durchschnitts-Zinssatz die Europäische Zentralbank daraus ermittelt. Aber lohnen tut sich das zumindest in Phasen niedriger Zinsen nicht: Wenn der EZB-Leitzins bei nur 1 Prozent liegt, dümpelt die Tagesanleihe schon mal bei knapp 0,7 Prozent vor sich hin. Da bieten selbst die schwächsten Tagesgeldanbieter mehr.

Die Frage ist nur: Wie machen die das? Wie können es sich die Banken leisten, den Kunden 2 oder mehr Prozent zu versprechen? Für manche Banken ist es immer noch eine billigere Methode, sich zu diesem Zinssatz das Geld von den Kunden zu leihen, als es sich am Kapitalmarkt von anderen Banken zu beschaffen. Aber das sind diejenigen Banken, denen man sein Geld ohnehin besser nicht anvertrauen sollte. Auch andere, etablierte Banken können sich solche Zinsen nur leisten, wenn sie kurzfristige Lockangebote sind, warnen Verbraucherschützer. Denn dabei verdienen Banken selbst nichts mehr. Wer also nicht riskieren will, dass er sein Geld dem nächsten Pleitekandidaten anvertraut, der sollte darauf achten, dass die Lücke zwischen EZB-Leitzins und Tagesgeldzins nicht zu groß ist. Auch wenn es schwerfällt.

Das heißt nicht, dass man nicht kurzfristige Angebote annehmen kann, mit denen die Direktbank-Töchter der Großbanken oder die altbekannten Direktbanken gelegentlich um Neukunden werben. Aber man muss wissen, was der Sinn dieser Lockangebote ist: Die Banken setzen alles daran, dass der neue Kunde künftig auch andere Produkte von ihnen kauft, wenn er schon mal bei ihnen gelandet ist. Dass er vielleicht sein Depot zu ihnen schichtet und Wertpapiere kauft. Oder sich einen Baukredit bei ihnen besorgt, weil er denkt: Diese Bank ist der Preisbrecher, die macht bestimmt auch woanders gute Angebote.

Bei solchen Geschäften zahlt der Sparer dann aber meistens im Vergleich zur Konkurrenz drauf. Und der Sparer muss wissen, was ein Wechsel des Kontos bedeutet und wann sich das Hoppen wirklich lohnt: Die meisten Formulare zur Kontoeröffnung lassen sich zwar inzwischen per Internet herunterladen, aber wenn ein Sparer nicht gerade persönlich in einer Filiale erscheint, muss er zumindest zur Post, um im sogenannten Postident-Verfahren seinen Personalausweis vorzulegen, vor den Augen eines Postbeamten seine Unterschrift zu leisten und der Bank damit seine Identität zu beweisen. Es verstreichen auch immer zumindest ein paar Tage, bis die Kontoeröffnung dann final von der Bank bestätigt wird, und noch einmal ein paar Tage, bis das Geld auch auf dem Konto landet. Wer die Lauferei und Warterei trotzdem nicht scheut, sollte sicher sein, dass er zu einer Bank schichtet, die gewöhnlich zumindest für eine gewisse Zeit die Zinssätze beibehält. Denn was nützt es, zu einer Bank zu wechseln, wenn das neue Hochzinsangebot nur drei Monate hält und sie danach nur 1,5 Prozent Zinsen zahlt – wie oft erst ganz hinten im Kleingedruckten steht.

Vorsicht auch, wenn das Tagesgeld gleich an ein Girokonto gebunden ist. Erstens ändert sich dann mehr als nur der Bankname für gelegentliche Spar-Überweisungen. Dann muss man gleich eine ganze Liste von Stationen abarbeiten, um ihnen die neue Kontonummer mitzuteilen, das kann ganz schön nervig sein. Zweitens gibt es eine Reihe von Banken, die zwar akzeptable Sparzinsen bieten, aber bei den Dispozinsen mächtig abkassieren. Im Schnitt liegen

nämlich die Zinsen für die Kontoüberziehung bei 12 Prozent, einige Banken haben ihn sogar angehoben, obwohl
die Leitzinsen, zu denen sich Banken Geld leihen können,
sinken.

Und der Wechsel lohnt vorrangig bei großen Geldmengen.
Wer zum Beispiel gleich am 1. Januar 10.000 Euro zu einer
Bank umschichtet, die einen halben Prozentpunkt mehr
Zinsen verspricht als seine alte, der hat am Ende des Jahres
50 Euro mehr auf dem Konto. Das ist nicht eben viel. Beim
anderen Extrem, einer Sparsumme von 100.000 Euro, lohnt
es sich schon ungleich mehr: Wer mit der Summe von einer
Bank mit 2,7 Prozent zu einer mit 3,3 Prozent Zinsen
wechselt, bekommt am Ende des Jahres 600 Euro gutgeschrieben. Aber das gilt auch nur, wenn die Zinsen der
Bank, zu der er wechselt, tatsächlich das ganze Jahr über
auf diesem Zinssatz bleiben. Das Tückische am Tagesgeld
ist ja, dass sie quasi täglich an die Zentralbankzinsen angepasst und jeden Tag auch wieder sinken können.

Es gibt zudem Spezialisten unter den Banken, die senken
ihre Verzinsung bei einer Leitzinsänderung zwar rasant
schnell nach unten, warten aber gern Monate, bis sie gestie-
gene Zinssätze tatsächlich an die Kunden weitergeben.
Und je treuer ihre Kunden, desto träger sind sie anscheinend selbst bei der Weitergabe der Konditionen.

Eine Alternative zum Tagesgeld könnte daher auch das
Festgeld sein. Vor allem in Zeiten, in denen die Zinsen wei-

ter zu sinken drohen – oder wenn man überzeugt ist, dass die Phase der ultrahohen Zinsen erreicht ist und bald der Einbruch kommt. Denn beim Festgeld lockt der Sparer den derzeitigen Zinssatz gewissermaßen für eine bestimmte Zeit ein, die er selber wählt. Festgeld ist ähnlich verzinst wie Tagesgeld (in der Regel nur geringfügig weniger), nur legt der Sparer sein Geld dabei für einen bestimmten Zeitraum fest. Er kann meist wählen zwischen einem Monat, drei Monaten, einem halben oder einem ganzen Jahr.

Das Problem dabei: Woher wissen wir, dass das Zinsniveau bald – oder weiter – sinkt? Die ehrliche Antwort ist: Das weiß leider kein Mensch. Auch nicht oder schon gar nicht die Banken, die solche Prognosen regelmäßig erstellen. Das wiederum lässt sich trefflich beweisen: So hat die Hertie-Stiftung über die Jahre die Prognosen von 30 Banken zur Entwicklung der zehnjährigen Bundesanleihen gemacht. Sie versuchten sich in der Vorhersage des Zinsniveaus und lagen zu 57 Prozent mit ihren Prognosen falsch. Manche entgegnen da hämisch, mit einer Münze könne man die Zinsentwicklung verlässlicher vorhersagen.

Versicherungen – Haben oder nicht haben?
Das ist hier die Frage

Meine Freundin hat sich ein neues Fahrrad gekauft. Es ist umwerfend bequem, hat hydraulische Bremsen und eine Gangschaltung, die mit nur einem Finger zu bedienen ist.

Und das Beste: Es sieht auch noch gut aus. Aber genau das macht meiner Freundin Sorgen. Wenn sie damit nun in die Stadt fährt und es dort anschließt – na, es würde doch wohl nicht lange dauern, bis auch jemand anderem auffällt, was für ein tolles Rad das ist. Und dann wäre sie es los. Deswegen will sie jetzt eine Versicherung abschließen, die ihr das Fahrrad wenigstens ersetzt, wenn es gestohlen wird. Welche Police da taugen würde, wollte sie wissen. Mit der Antwort war sie aber nicht ganz zufrieden: „Vergiss die Versicherung", sagte ich, „kauf Dir lieber ein ordentliches Schloss und stell das Rad nicht gerade nachts in dunklen Seitenstraßen ab. Mehr kannst du nicht machen. Wenn wirklich jemandem Dein Fahrrad stiehlt, zahlst du drauf, egal, ob du eine Versicherung abgeschlossen hast oder nicht."

Es ist nämlich so: Natürlich kann man ein Rad gegen Diebstahl versichern, das geht entweder über die Hausratversicherung, wenn man eine hat. Je nachdem, was in den Versicherungsbedingungen steht, ist der Fahrradschutz darin abgedeckt (ist jedoch eher selten) oder er kann gegen Aufpreis draufgesattelt werden. Sie deckt das Rad meist nur mit 1 Prozent der gesamten Versicherungssumme ab, das sind bei einem durchschnittlichen Hausratswert von 40.000 bis 60.000 Euro also 400 bis 600 Euro. Aber, und jetzt kommt der Haken: Der Schutz gilt in den allermeisten Fällen nur tagsüber. Wenn das Rad in der Zeit zwischen 22 und 6 Uhr gestohlen wird, dann greift die Versicherung nur, wenn es aus einem abgeschlossenen Gebäude oder einer

Garage geklaut wird. Häufig schreiben die Versicherer im Kleingedruckten auch noch mehrere andere Auflagen vor, etwa ob und wie das Rad angeschlossen gewesen sein muss.

Es gibt eine zweite Möglichkeit: Meine Freundin könnte eine eigenständige Fahrradversicherung abschließen. Die bemisst sich prozentual an der Kaufsumme sowie am Wohnort. Wer in einer Diebstahlhochburg wie Berlin oder Frankfurt wohnt, zahlt also deutlich mehr als ein Bewohner in München oder Ulm. Die Fahrradspezialversicherungen sind aber teuer: Im Schnitt kosten sie ein Zehntel des Anschaffungspreises pro Jahr, dazu kommt noch die Versicherungssteuer. Da lohnt sich mal eine andere Rechnung: Wer zehn Jahre lang in so eine Versicherung einzahlt, könnte sich davon auch ein neues Rad kaufen.

Nun könnte man die Statistik befragen, wie groß die Wahrscheinlichkeit ist, dass einem Radler alle zehn Jahre sein fahrbarer Untersatz geklaut wird. Und so groß ist die nun wieder auch nicht: 350.000 Räder werden pro Jahr gestohlen. Sind 3,5 Millionen in zehn Jahren, das ist schon viel. Aber hochgerechnet auf die rund 67 Millionen Räder, die durch die Republik rollen, könnte man sagen: Ein Radler hat eine faire Chance, auch ohne Raddiebstahl und deshalb auch ohne Versicherung über die Runden zu kommen.

Ich kann gut nachvollziehen, dass meine Freundin sich gerade eines nicht vorstellen will: dass ihr dieses Rad wieder abhanden kommt. Trotzdem bin ich mir nicht ganz sicher, ob sie mir meine Argumentation und meine Überzeugung abgekauft hat. Sie ist ein Sicherheitsmensch.

Sie hat auch ihre neuen Ski gegen Diebstahl versichern lassen, nachdem sie sich erstmals die wirklich teuren Supercarver gekauft hat. Auch eine Versicherung gegen Skibruch hatte sie überlegt. Wir waren nämlich mal zusammen mit einem Kumpel im Skiurlaub, den es auf der Piste an einer Sprungschanze zerlegte und etwas fertigbrachte, was ich bis dahin noch nie gesehen hatte: einen glatten doppelten Bruch – einmal vor und einmal hinter der Bindung. Also wenn ihr das mal passiere, findet meine Freundin, dann würde sie sich schon arg ärgern. Deshalb sei es besser, das Risiko abzusichern. Wenn ihr das wirklich mal so passieren sollte, so antwortete ich ihr, würde ich mich sehr für sie freuen: dass ihr selber nichts Schlimmes passiert wäre, sondern nur dem Ski. Und die könne sie ja in diesem höchst unwahrscheinlichen Fall entweder neu kaufen oder sie bekäme meine alten.

Alles, was ich meiner Freundin sagen wollte, ist: Natürlich kann man sich gegen so ziemlich jedes Lebensrisiko versichern. Gegen Glasbruch, gegen Skibruch, gegen Einbruch, dagegen, dass im Urlaub mal das Gepäck mit den Unterhosen und Outdoorjacken verlorengeht oder das Handy „irgendwie" verschwindet. Oder die Brille. Ich gebe zu, dass ich für die auch mal eine extra Versicherung vor zig Jahren abgeschlossen hatte. Weil das Gestell mit den Gläsern so teuer war, dass ich mir an der Kasse vorkam, als habe ich gerade die erste Anschaffung fürs Leben getätigt. Und weil die Verkäuferin so nett fragte: „Wollen Sie für zehn Euro noch eine Brillenversicherung dazu? Die zahlt, wenn Sie die Brille verlieren, zerbrechen oder wenn sie gestohlen wird. Und das wäre doch ein gutes Gefühl bei dem teuren Modell, oder?" Ich konnte quasi gar nicht anders, als ihr zustimmen. Heute würde ich an der Stelle nicht mehr nicken. Sondern ihr sagen: „Ich habe jetzt seit 25 Jahren eine Brille. Und bisher ist den Gestellen nichts passiert. Ich denke, ich gehe das Risiko mal ein."

Ich bin ein Optimist und halte Versicherungen, die uns für wirklich alle Eventualitäten absichern, sämtliche Zusatzgefahren abdecken und am liebsten auch noch das versichern würden, was es noch gar nicht gibt, für teure und überflüssige Späße. Das soll natürlich nicht heißen, dass wir mit der Einstellung durchs Leben gehen sollten: „Ich muss nichts versichern, es wird schon alles schiefgehen." Im Gegenteil. Es gibt große Risiken, gegen die wir uns unbedingt absichern sollten. Aber für viele Fälle zahlen wir übers Leben gesehen mehr, als uns ihr Eintritt jemals gekostet hätte, wenn er denn überhaupt eingetreten wäre.

Die meisten von uns sind völlig falsch versichert und besitzen mindestens eine Police, die wirklich überflüssig ist und
auf die Sie getrost verzichten könnten: Fast zehn Millionen
von uns sind gegen Glasbruch versichert und zahlen dafür
eine halbe Milliarde Euro Beiträge pro Jahr. Geld, das wir
uns locker sparen können. Und das ist nur ein Beispiel von
vielen. Jahr für Jahr geben die Deutschen mehr Geld für
ihre privaten Versicherungen aus. Im Schnitt zahlt jeder
von uns dafür 3.680 Euro. Das sind knapp 750 Euro mehr
als noch 2004, immerhin 20 Prozent. Würden wir alle
unsere Versicherungsunterlagen auf Überflüssiges und
Überteuertes durchforsten, würden wir feststellen, dass wir
alle zusammen 20 Milliarden Euro zu viel bezahlen. Das
sind immerhin 250 Euro pro Person oder knapp 500 Euro
pro Haushalt, so hat es eine Studie des Beratungsunterneh-
mens Evers & Jung gerade erst ermittelt.

Auf der Hitliste der überflüssigen Versicherungen stehen
bei Verbraucherschützern und beim Bund der Versicherten
die Glasbruchversicherung ganz oben, genau wie die
Elektrogeräteversicherung, Handy-, Brillen- und Fahrradversicherung (all das geht insgesamt so selten verloren, dass
es billiger wiederbeschafft werden kann, als es jahrelang zu
versichern), Reisegepäckversicherung (deren Klauseln
schreiben meist vor, dass der Versicherte so gut auf sein
Gepäck achten muss, dass es ihm im Grunde gar nicht
mehr gestohlen werden kann), Insassenunfallversicherung

(das nämlich deckt die KFZ-Haftpflicht des Fahrers ohnehin schon ab, trotzdem haben 4,4 Millionen Deutsche so eine überflüssige Police), Ausbildungsversicherung (ein finanzielles Polster für die Ausbildung der Kinder kann anders viel besser uns günstiger aufgebaut werden), Krankenhaustagegeldversicherung (der Verdienstausfall durch Krankenhausaufenthalt ist bereits durch das Krankengeld der Krankenkasse oder durch eine private Krankentagegeldversicherung abgedeckt) und die Sterbegeldversicherung (das Ansparmodell, dass nach dem eigenen Tod die Bestattung und ihre Kosten bezahlen soll, ist ein reines Geldvernichtungsmodell. Ein Ansparmodell mit Minusrendite, warnen Verbraucherschützer).

Aber nur, weil wir eine Menge überflüssige Verträge zahlen, bedeutet das noch längst nicht, dass wir überversichert sind. Im Gegenteil: Gerade wichtige und existenzbedrohliche Risiken haben wir viel zu wenig abgesichert. Und das sind nicht einmal diejenigen, für deren Schutz wir am meisten bezahlen müssten. Das ist das Paradoxe an unserer Versicherungslandschaft: Wir sind überversichert bei Policen, die keiner wirklich braucht, und unterversichert bei denen, die lebenswichtig sind.

Es gibt nämlich Policen, die jeder von uns unbedingt braucht: die private Haftpflichtversicherung zum Beispiel. Es kann schnell passieren, dass wir durch Ungeschicklichkeit etwas Teures zerstören oder auch als Fußgänger und Radler im Straßenverkehr einen Unfall bauen oder beim Schneeräumen zu langsam sind, so dass sich ein Passant vor unserem Haus die Knochen bricht. Gerade wenn wir dabei andere Menschen verletzten, kann es richtig teuer werden. So teuer, dass uns die Forderung in den Ruin treiben kann. Oder stellen Sie sich mal vor, ihr Öltank hat ein Leck, das Öl sickert in die Kanalisation und die Stadt strengt einen Schadenersatzprozess wegen Verunreinigung des Wassers gegen Sie an. Es gibt viele Unglücksraben, die bei solchen Fällen mehr als ihr Vermögen verloren haben. Die private Haftpflicht steht uns in den meisten Fällen bei und deckt in der Regel Schäden bis zu drei Millionen Euro ab. Und sie kostet rund 80 Euro – im Jahr. Das ist weniger, als etliche von uns für eine Reiserücktrittskostenversicherung zahlen, die im Not- und Krankheitsfall die Kosten für das Urlaubsticket zahlt. Für alberne 5 Euro im Monat könnten wir uns also gegen das größte aller Lebensrisiken absichern.

Trotzdem haben es erst 71 Prozent der Haushalte getan. Jeder dritte dagegen hat keine Haftpflichtversicherung. Und wenn Sie jetzt stöhnen: „Noch mehr Geld für eine Versicherung, die ich abschließen muss!", habe ich einen

Gegenvorschlag: Wie wäre es, wenn Sie stattdessen ihre anderen Versicherungen mal überprüfen. Vielleicht haben Sie am Ende den Betrag für die Haftpflicht sofort wieder drin, wenn Sie bei anderen Policen zu einem billigeren Versicherer wechseln?

Zum Beispiel bei der Hausratpolice. Die haben immerhin 77 Prozent aller Haushalte und damit noch mehr als den Haftpflichtschutz. Obwohl die Hausratversicherung zwar sinnvoll, aber bei Weitem nicht lebensnotwendig ist. Meist deckt sie unseren Besitz im Wert von bis zu 60.000 Euro ab. Und sie ist auch erst richtig sinnvoll, wenn wir ungefähr diesen Wert zu versichern haben. Wer dagegen immer noch im Studentenwohnungsmobiliar wohnt und im Einbruchsfall höchstens um den iPod oder den PC bangt, der muss diese Police nun wirklich nicht zwingend haben. Versichert wird meist die 60.000-Euro-Standardsumme. Aber den Schutz gibt es zu höchst unterschiedlichen Konditionen: Manche Versicherer verlangen dafür 60 Euro im Jahr, andere gleich 200 Euro und mehr. Die Spanne zwischen dem günstigsten und dem teuersten Versicherer reicht laut Stiftung Warentest von 37 Euro bis 370 Euro. Wenn da kein Einsparpotential drin ist!

Übrigens raten Sie mal, was auf Platz 3 der häufigsten Versicherungen kommt? Das sind wohlgemerkt nicht die Policen, die wir am meisten brauchen, sondern diejenigen, die wir am meisten kaufen. Es ist die Rechtschutzpolice. Die Versicherung für den Fall, dass wir uns mal im Streitfall mit einer Firma, einer Versicherung oder unserem Nachbarn nicht einigen können und uns daher vor Gericht wiederfinden. Solche Risiken decken wir also gern ab, um uns im Ernstfall die Anwaltskosten zu sparen. Jedenfalls vordergründig. Hintenrum bezahlen wir sie ja längst über die Versicherungsbeiträge. Die können auch mal ein paar tausend Euro betragen. Viel mehr wird es aber wohl erst, wenn wir uns in einen solchen Rechtstreit hineinsteigern, dass wir uns bis vors oberste Bundesgericht durchklagen. Zudem könnten wir viel Geld sparen: Denn billiger als die Rechtsschutzpolicen der Versicherer ist oft die Absicherung, die wir über Vereine (Mietervereine oder der Verband „Haus und Grund" für Eigentümer) oder über Gewerkschaften bekommen, wenn es um berufliche Fragen geht (Arbeitsrecht oder Schadenersatzansprüche). Wie viel also ist uns das Recht auf Klagen wert?

Berufsunfähigkeitsversicherung

Anscheinend mehr als unsere Arbeitsfähigkeit. Denn ein wahrhaft erschreckendes Ausmaß nimmt unsere Unterversicherung an einem der wichtigsten Punkte an, gegen den wir uns absichern sollten: gegen die Berufsunfähigkeit. Und die ist häufiger, als man denkt. Immerhin jeder vierte Deutsche, so sagt die Krankenstatistik, wird irgendwann berufsunfähig. Das heißt nicht, dass er dann gar nichts mehr machen kann, um Geld zu verdienen, also auch nicht drei Stunden am Tag als Pförtner oder Parkplatzwächter ein paar Euro zu verdienen. Wenn nämlich auch das nicht mehr geht, spricht man fachlich von der Erwerbsminderung. Und die ist viel seltener als die Berufsunfähigkeit.

Die bedeutet, dass jemand seinen ursprünglich erlernten Beruf nicht mehr ausüben kann. Etwa weil der Bäcker eine Mehlstauballergie bekommt, die Chemieingenieurin von den Chemikalien krank wird, der Lehrer einen Nervenzusammenbruch bekommt oder der Dachdecker einen Bandscheibenschaden hat. Am häufigsten schlägt die Berufsunfähigkeit – rein statistisch – bei folgenden Berufen zu: Bahnschaffner, Dachdecker (es trifft mehr als jeden Zweiten), Krankenschwestern, Metzger, Tiefbauer (ihr Risiko liegt bei 40 Prozent), Maurer, Maler und Sozialarbeiter (immerhin jeder Dritte scheidet frühzeitig aus[17]). Auch Lehrer geben oft wegen psychischer Probleme vorzeitig den Beruf auf.

Unfälle sind dagegen nur in den allerseltensten Fällen die Auslöser. Meist sind es psychische Probleme, Rückenbeschwerden, Krebs und Herz-Kreislauf-Probleme, die uns arbeitsunfähig machen. Damit könnten wir jetzt endlich mal einen Witz zu den Akten legen. Der kommt nämlich oft, wenn ich mit meinen Kollegen über das Thema Berufsunfähigkeit rede: „Ein Journalist (wahlweise zu ersetzen durch ein Bürokaufmann, ein Lehrer, ein Wissenschaftler oder ein Unternehmensberater) werde höchstens berufsun-

---

17 Quelle: Map-Report, http://www.map-report.com/gefährli.htm.

fähig, wenn ihm beide Arme fehlen, um die Computer-
Tastatur zu bedienen, und wenn er dann noch taub und
blind wird und seine Gesprächspartner weder persönlich
treffen noch anrufen kann."

Irrtum, er wird es bereits, wenn er den Termindruck nicht
mehr aushält und eine Zwangsstörung entwickelt oder von
den Kollegen in die Depression getrieben wird, wenn er vor
lauter Vor-dem-Computer-Hocken nicht mehr sitzen kann
und unter chronischen Rückenschmerzen leidet oder wenn
ihn angesichts der flimmernden neuen Informationen
irgendwann der Herzinfarkt trifft. Wenn aber die Gefahr so
groß ist, warum versichern wir uns dann mehrheitlich nicht
dagegen? Das können viele ziemlich gut erklären:

Es fängt schon mal damit an, dass sich kaum einer von uns
damit anfreunden will, dass ihm dieses Schicksal drohen
könnte. Und auch kaum einer von uns abschätzen kann,
wie viel Geld er bräuchte für den Fall, dass er nicht mehr
arbeiten könnte. Zumal dieser Betrag am Anfang noch
recht übersichtlich ist, aber sich im Lauf der Zeit rasant
steigert. Wie also soll man so etwas Vages am besten versichern? Wer es trotzdem versucht, bekommt den nächsten
Schock, wenn er die Angebote der Versicherungsgesell-
schaften sondiert: Es gibt ungefähr hundert Unternehmen,
die hunderte unterschiedliche Tarife anbieten, die dann
auch noch so weit auseinanderklaffen, dass man das Gefühl
hat:

Erstens ist die BU-Police, wie sie in der Versicherungs-
sprache heißt, eine so wichtige und teure Angelegenheit,
dass dabei jeder Fehler fatal sein kann, zum Beispiel übersehe ich beim Vergleich bestimmt irgendwo eine wichtige Klausel, und am Ende ist der ganze Versicherungs-
schutz hin.

Zweitens kann man die Tarife auch dann kaum vergleichen,
wenn man bei allen Gesellschaften die gleichen Grundan-
gaben macht, weil jede Versicherung irgendwo noch einen
Zusatzschutz oder eine Extra-Einschränkung einbaut, die
BU-Versicherung noch an eine Kapitallebensversicherung
koppelt oder einen automatischen Erhöhungsfaktor einbaut, um den sich der Beitrag regelmäßig erhöht.

Und drittens: Selbst wenn ich mich dann für eine dieser
Versicherungen entscheide, habe ich am Ende vermutlich
das Gefühl, doch die falsche unterschrieben zu haben. Das
ist der Eindruck und die Folge: Wir verfallen in Schockstarre, wir machen lieber nichts.

Das ist zutiefst menschlich, aber genau das ist noch schlim-
mer, als womöglich eine nicht ganz optimale Police zu
unterschreiben. Denn zumindest zwei Dinge sind sicher: Je
länger wir mit dem Abschluss einer BU-Police warten,
desto teurer wird der Beitrag. Wer als 30-jähriger Kauf-
mann einen Vertrag abschließt, zahlt im Jahr im Schnitt
1.000 Euro. Wer das Ganze erst mit 40 macht, muss er für
den gleichen Vertrag schon 1.300 Euro hinlegen, 30 Pro-

zent mehr im Jahr. Und das gilt dann auch für die rest-
lichen 25 Jahre der Laufzeit.

Und eines ist ganz sicher, wenn wir den Abschluss dieser
Versicherung nicht wagen – dass uns im Notfall keiner
hilft. Deshalb ein Gegenvorschlag: Warum machen wir es
nicht wie beim Computerkauf? Wir beschäftigen uns mit
den wichtigen Eckdaten, vergleichen dafür die Preise und
schließen dann einen der günstigen Verträge ab. Danach
vergleichen wir die Preise erstmal eine ganze Weile nicht
mehr. Und für den Fall, dass bei unserer Police vielleicht
doch nicht alles inklusive sein sollte, müssen wir uns eben
um unseren eigenen Zusatzschutz kümmern, indem wir
das Geld, das wir nicht für die „alles inklusive BU-Police" ausgeben, auf eigene Faust sparen. Als Anhaltspunkt
gilt: Der Standard-BU-Vertrag, mit dem viele Vergleiche
rechnen, läuft bis zum Endalter von 65 Jahren (oder neuerdings bis 67 Jahre), und er zahlt 2.000 Euro monatliche
Rente aus. Wie viel er kostet, hängt natürlich vom Beruf
ab und vom Geschlecht. Weil die Versicherer davon ausgehen, dass Frauen älter werden als Männer, müssten
Frauen-Renten auch länger gezahlt werden. Also zahlen
Frauen laut dieser Rechnung auch mehr für den Versiche-
rungsschutz. Der BU-Vertrag mit diesen Eckdaten kostet
– nicht erschrecken – bei einem günstigen Anbieter
knapp 1.000 Euro im Jahr für eine 30-jährige Diplom-
kauffrau und etwa 900 Euro für den gleichaltrigen
Diplomkaufmann. Auf den Preis kommen aber nur ganz
wenige billige Anbieter. Das Gros verlangt etwa 1.300

Euro und einige sogar 1.600 Euro und mehr. Da ist also viel Spielraum drin.

Billiger wird's, wenn man die Monatsrente verringert oder wenn man ihn nicht so lange laufen lässt. Aber Vorsicht: Vermittler empfehlen Kunden gern, den Vertrag nur bis zum 60. Geburtstag abzuschließen. Damit sparen die Versicherten viel Geld. Aber sie sollten sich im Klaren sein: Wenn sie erst im hohen Alter berufsunfähig werden, dann zahlt ab 60 die Versicherung trotzdem nichts, obwohl der Kunde zuvor 30 Jahre lang eingezahlt hat. Und: Wird der Versicherte vorher berufsunfähig, dann stoppt die Versicherung ab 60 den Beitrag. Und dann kann die nächsten Jahre bis zur tatsächlichen Rente eine große Lücke klaffen, wenn man nicht gerade privat üppig vorsorgen konnte. Eine bessere Idee ist oft, den Risikoschutz bis zum 60. Lebensjahr laufen zu lassen, die Leistungsdauer aber – also die Rentenzahlung – bis 67. Das spart auch Geld. Die Rente wird dann auf jeden Fall bis 67 weitergezahlt, wenn man vorher berufsunfähig wird.

Was den Preisvergleich bei den Versicherungen erschwert: Ein Großteil der Versicherer gibt einen Netto- und einen Bruttobeitrag an, den der Versicherte zahlen muss. Netto heißt: Diesen Beitrag müssen Sie aktuell in die Versicherung einzahlen. Er ist sozusagen die „sichere Summe", die Ihre Versicherungsgesellschaft Ihnen abknöpft. Brutto bedeutet: Wenn die Versicherung in den kommenden Jahren Gewinne macht, dann gibt sie einen Teil der Überschüsse an die Kunden, also an Sie weiter. Das macht sie bei Berufsunfähigkeitspolicen meist darüber, dass sie den Beitrag, den Sie zahlen müssen, herunterschraubt. Das ist dann die Beitragsverrechnung. Sie kann auch entsprechend mehr Rente auszahlen, aber die meisten Versicherten entscheiden sich lieber dafür, dass sie weniger Beiträge zahlen müssen, weil sie ja nicht wissen, ob sie die Auszahlung jemals in Anspruch nehmen werden. Aber natürlich hofft jeder, dass der Fall nicht eintritt. Die Beitragsverrechnung ist sozusagen der Optimistenrabatt, die Verrechnung mit der Rente der Pessimistenzuschlag.

Das Gegenteil gilt allerdings dummerweise auch: Wirtschaftet eine Gesellschaft schlechter als angenommen oder werden plötzlich viel mehr Leute berufsunfähig und müssen eine Rente ausgezahlt bekommen, dann muss die Gesellschaft die Beiträge entsprechend erhöhen. Deshalb ist es gefährlich, beim Vergleich der Angebote nur auf den Bruttobeitrag zu schielen. Denn den rechnen die Versicherer dem Kunden natürlich immer so schön wie irgend möglich vor und ködern ihn so mit der Aussicht auf sinkende Beiträge – obwohl seriös niemand wissen kann, wie sich das Geschäft tatsächlich in den kommenden 30 Jahren entwickeln wird. Besser ist es also, eine Versicherung auszuwählen, bei der beide Beiträge im günstigen Bereich liegen und bei der Brutto- und Nettopreis nicht allzu weit auseinanderklaffen.

Es gibt noch eine andere Versicherung, für die wir im Laufe der Jahre annähernd so viel bezahlen wie für unseren Berufsschutz: die Kfz-Versicherung. Die muss jeder Autobesitzer haben, da führt kein Weg dran vorbei. Aber das heißt ja nicht, dass man irgendeine nehmen muss oder aus Gewohnheit bei jedem Auto dieselbe. Das Vergleichen lohnt sich. Denn oft machen die Versicherer neuen Kunden sogar erheblich bessere Preise als den Kunden, die ihnen schon seit Jahren die Treue halten.

Meine Versicherung war so eine: Weil sie im Herbst auf Kundenfang war – in dem Zeitraum, in dem die meisten Kunden ihren Autoversicherer wechseln, weil jedes Jahr am 1. November die Kündigungsfrist für den Wechsel ausläuft – machte sie neuen Kunden einen Knüllerpreis. Er war für mein Auto und meine Schadensfreiheitsklasse rund 200 Euro billiger als das, was ich zahlte. Also rief ich meinen Versicherungsmann an. Er hat sich ein bisschen geziert, so wie es gute Verkäufer in solchen Momenten tun. Das Argument, dass ich schon seit fast 20 Jahren bei ihm Kunde sei, quittierte er mit einem wohlwollenden „Ach, so lange schon? Das freut mich aber."

Der Hinweis, dass noch drei andere Familienmitglieder ebenfalls bei ihm versichert seien, weil wir alle gute Erfahrungen gemacht hätten und auf verlässliche Partner Wert legten, freute ihn auch. Und als ich dann schloss, dass ich ja auch gern einen Grund zur Freude hätte, zum Beispiel darüber, dass ich nicht erst die Versicherung wechseln müsste, um auch mal in den Genuss der guten Konditionen für Neukunden zu kommen – da war sein Ehrgeiz geweckt. Er konnte gar nicht mehr anders, rechnete eine Weile an meinem Vertrag herum, dann an den Verträgen vom Rest meiner Familie und bot uns anschließend Folgendes an: Er könne mich zu denselben Konditionen weiterversichern, aber für 260 Euro weniger im Jahr, wenn er an ein paar „interne Verrechnungsposten ein wenig drehen" würde. Daraufhin schoss aus mir heraus: „Oh, das freut mich jetzt aber." Und versprach ihm, die kommenden Jahre erstmal nicht zur Konkurrenz zu wechseln.

Krankenversicherung

Eine andere Versicherung, die jeder von uns unbedingt haben sollte, ist die Krankenkasse. Sie ist eine der Versicherungen, die auch die meisten von uns haben. Vor allem, wenn sie festangestellt sind. Dann fragt auch der Arbeitgeber danach. Die Krankenversicherung ist so etwas wie ein Automatismus. Deshalb denken auch die wenigsten darüber nach, wo sie versichert sind. Das hat sich aber seit gut zehn Jahren stark geändert. Seit die Politiker immer wieder am Gesundheitssystem herumgeschraubt und den Wechsel zwischen den Kassen ermöglicht haben, sowohl bei den gesetzlichen als auch bei den privaten. Seitdem haben sich nämlich auch die Preise der Kassen immer weiter auseinander dividiert, weil der Wettbewerb zwischen ihnen voll entbrannt ist.

Der Unterschied zwischen der teuersten und der billigsten gesetzlichen Krankenkasse lag Ende 2008 bei immerhin 3,4 Prozent, bezogen auf den Bruttolohn. Das machte im eigenen Portemonnaie (also abgesehen vom Arbeitgeberanteil) bei einem Einkommen von 3.000 Euro immerhin 40 Euro monatlich aus, bei 4.000 Euro sogar rund 70 Euro. Und während früher die Zugehörigkeit zu einer bestimmten Krankenkasse so etwas wie eine lebenslängliche Mitgliedschaft war, wechselt man heute eben öfter mal durch. Und, ganz ehrlich: Es tut überhaupt nicht weh.

Im Gegenteil: Manche Kassen belohnen nämlich ihre Versicherten mit ganz besonderen Extras, zum Beispiel kostenlosen Gesundheitschecks oder 150-Euro-Gutscheinen, falls man sich mal übers Wochenende in einem Sport- oder Wellnesshotel einquartiert. Da gibt es schlimmere Opfer, oder?

Nicht mal die Nerven werden beim Wechseln strapaziert. Er geht auch ganz schnell mit drei Briefen: Bei der alten Kasse kündigen, dafür gilt eine Frist von zwei Monaten. Dann die Wunschkasse suchen, den Antrag auf Aufnahme ausfüllen und ihr später die Abmeldebestätigung der alten Kasse schicken. Sollte bei der Anmeldung übrigens etwas schiefgehen: Kein Problem. Man bleibt dann trotz Kündigung automatisch bei der alten Kasse versichert, wenn die

keine Bestätigung von der neuen Kasse erhalten hat. Ohne
Schutz steht also nachher niemand da. Aber: Ein großer
Anreiz zum Kassenwechsel ist auch schon wieder weggefal-
len, weil die Politik doch manchmal schneller ist, als der
Arzt erlaubt: Der große Unterschied bei den Beiträgen ist
wieder weg. Denn seit Januar 2009 ist der Gesundheitsfonds in Kraft getreten, und seitdem müssen alle Kassen
ihren Mitgliedern einen einheitlichen Krankenkassensatz
abknöpfen: 15,5 Prozent vom Bruttolohn. Ist damit nun
die Möglichkeit zum Sparen dahin? Ist sie nicht.

Obwohl wir nun alle erst einmal den gleichen Beitrag
abdrücken, können wir noch immer rund 100 Euro im
Monat beim Kassenwechsel sparen. Das sind 1.200 Euro im
Jahr. Wie das kommt? Weil manche Kassen eben besser
wirtschaften als andere und durch den Pauschalbeitrag am
Jahresende einen Überschuss behalten werden. Den geben
sie zum Teil an ihre Versicherten weiter. Nicht aus purer
Menschlichkeit, sondern weil sie mit den besseren Konditionen hoffen, auch mehr neue Mitglieder zu ködern. Und
je größer sie sind, desto besser können sie wahrscheinlich
weiterwirtschaften.

Daher bieten einige Kassen jetzt Wahltarife, Prämienpro-
gramme und Selbstbehalttarife wie bei der Kfz-Versicherung an. Damit verzichtet man entweder auf bestimmte
Leistungen oder – wenn man gesund ist – wettet man darauf, möglichst wenig zum Arzt zu müssen. Klappt das,
bekommt man am Jahresende einen Bonus gezahlt. Lässt

man sich doch behandeln, zahlt man eben einen Teil dazu. Diese Wahltarife liegen bei einigen Kassen rund 100 Euro unter dem Standardbeitrag – im Monat. Wer zum Beispiel ein Bruttoeinkommen von 3.000 Euro hat, der zahlt aus eigener Tasche 246 Euro pauschal in die Kasse ein – also nur als Eigenanteil, der Arbeitgeber legt noch einmal seinen Anteil obendrauf. Die Selbstbehalttarife vieler Kassen fangen aber schon bei nur 155 oder 170 Euro an. Wer 4.000 Euro verdient, zahlt den Standardbeitrag von 301 Euro, kann sich aber mit den Spartarifen schon ab 204 Euro versichern.

Allerdings keine Hektik beim Kassenwechseln, vor allem nicht im Moment: Denn weil die Politik erstes noch weiter fleißig am System herumschraubt, ist noch nicht ganz klar, was sie sich zum Thema Gesundheitsfonds noch alles einfallen lässt. Zweitens müssen auch die Kassen abwarten, wie viele Gewinne oder Verluste sie jetzt tatsächlich machen. Einige versprechen ihren Mitgliedern zwar schon Bonuszahlungen, obwohl das Geschäftsjahr noch gar nicht zu Ende ist. Einige werden aber auch am Ende des Jahres nicht mit dem eingesammelten Standardbeitrag hinkommen – obwohl der in der Regel höher liegt als das, was die Kassen vorher bekamen. Die werden dann wohl den Beitrag anheben.

Wenn eine Kasse also ihre neuen Tarife zu knapp kalkuliert hat, weil sie ja zuvor noch nicht wissen konnte, wie sich die Umverteilungen im Gesundheitssystem durch den

Gesundheitsfonds auf sie auswirken werden, oder wenn sie zu viele kranke Kunden hat, die alle viel Geld kosten, dann wird sie ihre Beiträge noch erhöhen. Es lohnt sich also momentan, abzuwarten und zu checken, welche Leistungen die eigene Kasse zu bieten hat, die andere vielleicht nicht bieten. Aber mit dem Wechsel sollte man sich getrost Zeit lassen bis 2010, bis sich der Markt beruhigt hat. Sonst kann die momentan günstigste Kasse auch bald unversehens wieder eine teure sein. Das Umgekehrte ist eher unwahrscheinlich.

Nur in einem Punkt kommt der Gesetzgeber den Kunden entgegen: Bisher galt, wer die Kasse wechselte, der war danach für mindestens 18 Monate an die neue Kasse gebunden. Das gilt auch jetzt noch. Erhöht eine Kasse allerdings ihre Beiträge, dann haben alle Versicherten – auch Wechsler – ein Sonderkündigungsrecht und können aus der Kasse austreten. Aber möchten Sie neben dem Kontohopping auch das Krankenkassenhopping zu Ihrem Hobby machen? Und fragen Sie mich jetzt bitte nicht, was besser ist – die private oder die gesetzliche Krankenversicherung. Das ist nämlich Ansichts-, Alters- und auch ein bisschen Glückssache.

Die meisten Arbeitnehmer sind gesetzlich Versicherte. Erst ab einer Einkommensschwelle von 48.150 Euro im Jahr oder bei bestimmten Berufen kommt man in die private Kasse – Freiberufler etwa dürfen wählen, ob sie ins gesetzliche oder private System einzahlen wollen. Und wie sie sich entscheiden, ist Einstellungssache: Bei der Privatversicherung darf jeder das Gefühl haben, Luxuspatient zu sein. Er bekommt fast immer eine Sonderbehandlung. Dafür zahlt er allerdings auch oft mehr. Jedenfalls wenn er älter wird. Das ist nämlich der Trick, mit denen private Krankenkassen Mitglieder ködern: In jungen Jahren zahlt man als Privatversicherter meist deutlich weniger Geld. Man ist ja auch seltener krank und kostet die Kasse noch nicht so viel. Besonders junge und gutverdienende Männer können sich daher privat sehr gut und günstig versichern. Denn die Beiträge sind nicht einfach prozentual an das Einkommen gekoppelt wie bei der gesetzlichen Kasse.

Bei jungen Frauen im „gebärfähigen Alter" klafft dagegen die Lücke zwischen gesetzlich und privat anfangs kaum auseinander. Aber für Männer wie Frauen gilt: Je älter sie werden, desto teurer wird es auch. Weil nämlich viel weniger Privatversicherte auf einmal viel höhere Kosten für die ganzen typischen Alterskrankheiten zahlen müssen. Was das ausmacht, erzählte mir mal eine Rechtsanwältin kurz vor dem Ruhestand: Der Beitrag, den sie in die Privatkasse einzahlte, betrug früher schon ein paar hundert Euro. Und habe sich über die Jahre verdreifacht. Sie zahlt ihn nicht, weil sie es sich wert ist, wie es manchmal so schön in der Werbung heißt, sondern weil sie als junge Frau in die Kasse hineinkam, aber als ältere nicht wieder heraus.

Einen privaten Luxus sollten wir uns aber unbedingt in Sachen Krankenversicherung gönnen: die Auslandskrankenversicherung. Das weiß ich spätestens, seit meine Freundin aus dem Urlaub wiederkam: Ihr fiel in New York ein Zahn auseinander. Das machte ihr nicht nur drei Tage in der Stadt der Städte zum Horrortrip, sondern kostete sie auch die gesamte Urlaubskasse. Raten Sie mal, was das Ziehen eines Zahnes im Land der unbegrenzten Möglichkeiten kostet? Satte 1.500 Euro. Damit hätte ich ehrlich gesagt nicht gerechnet für die Beseitigung von ein paar Trümmern im Kieferbereich. Aber man lernt dazu.

Von meinen anderen Freunden wusste ich bereits, wie viel Heimtransporte von Mittelmeerinseln kosten oder Armbrüche in Südfrankreich, und als Mitglied im Club der Alpenausflügler kennt man irgendwann die Preise für Flüge mit Rettungshubschraubern aus den Ski- und Wandergebieten besser als die Ticketpreise der Münchener U-Bahn.

Eine ordentliche Auslandreisekrankenversicherung von guten und günstigen Gesellschaften dagegen kostet nur 10 bis 20 Euro pro Jahr (für normale Urlaubsreisen, wer mehrere Monate ins Ausland geht, zahlt 60 bis 70 Euro). Solche Policen wären klaglos eingesprungen, um den kaputten Zahn meiner Freundin zu bezahlen. Dann wären auch noch ein Paar schicke Schuhe bei ihrem Einkaufstrip in New

York drin gewesen. Sie ist nämlich absoluter Schuh-Freak und ich hörte sie vor der Abreise den Satz sagen: „Also, ich gehe auf jeden Fall in den Manolo-Blahnik-Laden. Und wenn mich da ein Modell anlacht, dann nehme ich das mit. Man gönnt sich ja sonst nichts." So aber hat sie den Laden nur von außen gesehen und – von ihren Füßen aus gesehen knapp zwei Meter weiter oben – das Geld für umgerechnet drei Paar Manolos investiert.

Lebensversicherung/Rentenversicherung

Aber eigentlich sind auch das alles nur Peanuts gegen eine andere Frage: Soll man sein Leben auch mit einer Police absichern? Könnte man das wirklich, also das eigene Leben per Papier absichern, wäre ich eine der Ersten, die laut „ja!" rufen würde. Wer hängt denn nicht an seinem Leben? Aber in Wirklichkeit macht man ja mit einer Lebensversicherung etwas ganz anderes: Man versüßt einerseits seinen Angehörigen das Leben, wenn man es selbst abgibt. Aber andererseits hofft man natürlich selbst, dass man möglichst alt wird und daher selbst etwas von den Beträgen hat, die man in eine solche Versicherung einzahlt. Und irgendwann wenigstens zum Teil wieder herausbekommt. Deswegen habe ich trotzdem „ja" gerufen, als mich vor mittlerweile vielen Jahren mein Versicherungsvertreter anrief und mir vorschlug, so eine Versicherung abzuschließen. Ich war jung und hatte das Geld. Und damals lernte man noch, eine Lebensversicherung sei immer eine gute Sache.

Aber wieso ist es heute anders und nicht mehr so einfach?
Ganz einfach: Weil es viel mehr andere Möglichkeiten gibt,
sein Geld anzulegen. Und weil sich die Konditionen, die
Lebensversicherer bieten, gehörig geändert haben. Das Einzige, was nach wie vor gilt: Je größer das Gut, das man
absichern will, desto größer ist natürlich – wen wundert's –
auch der Preis, den man dafür zahlt. Und da das eigene
Leben den meisten Leuten ziemlich viel wert ist, zahlen sie
über ihr gesamtes Leben auch gehörige Summen in eine
Lebensversicherung ein. Noch größer ist also nur noch die
Frage: Muss man so eine Versicherung überhaupt haben?

Komische Frage, oder? Wo es doch über 90 Millionen Verträge allein in Deutschland gibt, also statistisch gesehen
jeder von uns mindestens eine Versicherung haben müsste.
Obwohl jeder nur ein Leben hat. Im Prinzip kann aber
jeder so viele davon abschließen, wie er will. Die meisten
Lebensversicherungen werden nämlich gar nicht nur zur
Absicherung des eigenen Lebens hergenommen – dafür
reicht eine reine „Risikolebensversicherung", die im Notfall eine große Geldsumme an die Angehörigen auszahlt
und die es für rund zehn Euro im Monat gibt. Sondern zum
Sparen fürs Alter.

Die Rechnung dahinter: Ich zahle doch nicht ein Leben
lang jährlich 120 Euro in eine Police ein, also in 35 oder 40
Jahren immerhin 3.500 bis 5.000 Euro, um meine Familie
für den Notfall abzusichern, wenn davon am Ende keiner
etwas hat. Weil ich nämlich zum Glück nicht frühzeitig

sterbe, sondern das Vertragsende mit 65 oder 67 Jahren überlebe. Dann muss die Versicherung nie das Geld auszahlen. Sie behält es für sich. Oder besser gesagt: Es ist der Puffer, weil ja andere sterben, deren Angehörige dann dafür mit meinem Geld entschädigt werden. Das gönnen viele der Gemeinschaft oder der Versicherungsgesellschaft aber irgendwie nicht.

Deswegen gibt es das Prinzip der „Kapitallebensversicherung" und der „Rentenversicherung". Beide sind im Prinzip fast das Gleiche: Man spart ein Leben lang nicht nur das bisschen Geld für die Notfallabsicherung an, sondern gleich einen Batzen mehr. Dieses Geld legt in der Zwischenzeit die Versicherung an, und falls man älter als 65 oder 67 wird, wird das angehäufte Vermögen ausbezahlt. Entweder als Einmalbatzen. Oder als monatliche Rente bis ans tatsächliche Lebensende. Damit hätte man sich selbst dann auch gleich abgesichert, für den Fall, dass man steinalt wird.

Denn das Geld aus der Rentenversicherung fließt monatlich in gleicher Höhe weiter, egal ob man 70, 80 oder 120 Jahre alt wird. Der Einmalbatzen wäre ja irgendwann aufgebraucht. Es sei denn, man würde davon nur wenig entnehmen und ihn zu einem so guten Zinssatz und dazu noch so sicher anlegen, dass er ewig hält. Weil die Versicherung also bis Ultimo zahlt, nennt man sie auch die „Wette auf ein langes Leben". Denn sie lohnt sich erst, wenn man die magische Grenze des Vertragsendes noch eine Weile überlebt. Mal angenommen, man würde monatlich 100 Euro in einen Vertrag einzahlen, 1.200 Euro pro Jahr. Mit 25 hätte man den Vertrag abgeschlossen und er würde bis 65 laufen. Das wären 40 Jahre. Also würde man über das gesamte Leben 40 mal 1.200 Euro einzahlen, das sind 48.000 Euro. Wie alt müsste man werden, bis man den Vertrag wieder von der Versicherung herausbekommt?

Das hängt natürlich von vielen Faktoren ab: Wie gut die Versicherung in den 40 Jahren mit dem Geld gearbeitet und es verzinst hat. Wie hoch die Kosten sind, die sie einem für diese Arbeit in Rechnung stellt. Und wie hoch die monatliche Rente ist, die sie einem zusichert. Aber im Schnitt, so errechnen Versicherungsvergleiche, bekommt man zurzeit am Ende eines solchen Vertrags inklusive Zinsen, Zinseszins und Überschussbeteiligung rund 100.000 Euro gutgeschrieben. Wenn man sich die lebenslang als Rente auszahlen lassen will, setzt die Versicherung dafür derzeit im Schnitt bei einem 65-jährigen Mann 515 Euro an. Die bekommt er als monatliche Sofortrente.

Wenn er nun Pech hat und nur 78 Jahre alt wird, kriegt er insgesamt 80.340 Euro zurück. Knapp 20.000 weniger, als seine eingezahlten Beiträge über die Jahre wert waren. Das ist eine negative Rendite von 3,2 Prozent. Lebt er länger und wird er so alt wie der statistische Durchschnitt aller Männer in Deutschland, dann bezieht er 16 Jahre lang Rente. Er bekommt also 98.880 Euro aus dem Vertrag heraus. Das ist immer noch weniger, als er insgesamt angehäuft hat. Damit macht er noch eine negative Rendite von 0,1 Prozent. Erst wenn er älter als 81 Jahre wird, liegt er im Plus.

Frauen müssen noch zäher sein, um in die Pluszone zu kommen. Von ihnen nehmen die Versicherer nämlich an, dass sie im Schnitt ein paar Jahre länger leben als Männer. Daher setzen sie die monatlich ausgezahlten Renten für Frauen auch erheblich niedriger an. Eine Rentnerin, die ebenfalls 100.000 Euro per Versicherung angespart hat und sich die monatlich auszahlen lässt, bekommt nur rund 400 Euro heraus und muss älter als 86 Jahre werden, bis sie ihre 100.000 Euro wieder zurückbekommen hat. Erst dann hat sich die Rentenversicherung für sie gelohnt.

Nun kann man natürlich ganz pragmatisch sein und sagen: Dann lasse ich mir eben mein Geld am Ende der Laufzeit lieber als Einmalbatzen auszahlen. Dann bin ich ja sicher, dass sich der Vertrag für mich gelohnt hat. So denken die allermeisten Versicherten. Es gibt daher einen klaren Trend zum „Kapital" statt zur „Rente". Aber ganz so einfach ist es trotzdem nicht. Erstens werden solche Einmalauszahlungen inzwischen per Gesetz besteuert. Es kommt dabei auf das Datum an, zu dem der Vertrag abgeschlossen wurde, und darauf, wie lange er lief. Wer ihn nach 2005 unterzeichnet hat, ihn vor dem 65. Lebensjahr auszahlen lässt oder nach weniger als zwölf Jahren, der zahlt garantiert die vollen Steuern. Bei allen anderen wird gerechnet und es hängt gerade bei den Jüngeren davon ab, ob die derzeitige Gesetzgebung auch noch 20 oder 30 Jahre hält.

Trotzdem halten viele die Einmalauszahlung für die bessere Wahl, da greift ein ganz einfaches menschliches Phänomen. Dem erliegen wir alle, weltweit, daran ist die Psycho-
logie schuld, erklärt Behavioral-Finance-Forscher Rüdiger
von Nitzsch, Professor am Forschungsinstitut für Asset
Management (FIFAM) an der Rheinisch Westfälischen
Technischen Hochschule in Aachen: „Über einen Euro Verlust ärgert sich der Mensch doppelt so stark, wie er sich
über einen Euro Gewinn freut. Die Gefahr, dass man zu
früh sterben könnte, hat also einen doppelt so hohen Stel-
lenwert bei der Auszahlungsentscheidung." Statt uns also
auf die Wette „auf ein langes Leben" mit dem Versicherer
einzulassen – bei der wir ja verlieren könnten –, wählen wir
die vermeintlich sichere Bank und nehmen das Einmalka-
pital. Aber bei der können wir auch verlieren. Denn wir
laufen Gefahr, im Alter irgendwann ohne Geld dazustehen.

Offenbar überlistet uns die Verlustangst nämlich auch,
wenn es darum geht, unsere eigene Lebenserwartung einzu-
schätzen. Wir haben Angst vor unserem zu frühen Tod.
Wie lange ein Bürger dieses Landes im Durchschnitt wird,
also laut amtlicher Statistik, das wissen wir ziemlich genau.
Diese Zahlen schnappen wir ja auch gelegentlich über die
Nachrichten auf. Aber, das hilft uns nicht. Denn, so
ermittelte das Deutsche Institut für Altersvorsorge, wenn
es darum geht, unsere eigene Lebenserwartung zu prognos-
tizieren, unterschätzen wir sie locker um fünf Jahre. Das
lässt sich anhand der Finanzplanung ablesen und daran, auf
wie viele Rentenjahre wir unser Geld auslegen und welche

Lücke am Ende regelmäßig klafft. Oder hätten Sie gewusst, dass jemand, der bereits die 65 Jahre überschritten hat, mit 80-prozentiger Wahrscheinlichkeit auch mindestens den 75. Geburtstag erleben wird? Und mit 60-prozentiger auch seinen 80. oder sogar 85. Geburtstag feiern wird? Die meisten Rentner von heute knacken das Durchschnittsalter locker. So gesehen raten Ökonomen eher zur Verrentung als zur Auszahlung. Und das Praktische an der menschlichen Angst vor Verlusten ist: Sie lässt sich überlisten.

Die Kunst ist nur, aus der aktiven Entscheidung „Auszahlung" oder „Monatsrente" eine passive zu machen, indem man sie viel weiter nach vorne verlegt, auf den Vertragsabschluss: In jungen Jahren heißt sie „Rentenversicherung" oder „Kapitallebensversicherung", erklärt der Verhaltensforscher: „Wenn wir bei Abschluss des Vertrages schon die Rente als Auszahlungsoption wählen, ist das Geld von Anfang an auch für die Rente bestimmt. Dann werden wir den Teufel tun, uns das Geld irgendwann auszahlen zu lassen." Nach 20 Jahren Vertragslaufzeit stellt der Kopf den Auszahlungsmodus nicht mehr in Frage.

Aber damit ist noch nicht die wichtigste Grundfrage geklärt: Lohnt sich die Lebens- oder Rentenversicherung überhaupt noch? Das ist wirklich eine Frage, mit der man ganze Bücher füllen könnte. Und am Ende käme trotzdem jeder von uns auf eine andere Antwort. Vereinfacht gesagt: Die Verträge sind immer unlukrativer geworden. Als die Lebensversicherer per Gesetz noch einen Garantiezins von 4

Prozent versprechen mussten, mit dem sie das Sparkapital
der Kunden bis zum Ende mindestens verzinsen müssen,
waren sie eine gute Sache. Heute sind nur noch 2,25 Prozent vorgeschrieben. Das ist wenig. Dazu kommt noch die
Besteuerung der Auszahlungen und Renten, die inzwischen
Gesetz ist. Andererseits haben die Versicherer gerade in den
Zeiten der Finanzkrise wieder ein Argument gewonnen:
Versicherungen sind relativ sichere und beständige Produkte. In den vergangenen Jahren wetterten Verbraucherschützer viel gegen die teuren und niedrig verzinsten Versicherungspolicen und empfahlen stattdessen Fondssparpläne.

Nun trauen viele Anleger aber den Fonds nicht mehr so
recht über den Weg. Was ist, wenn ich 65 bin, meine
100.000 Euro aus dem Fondssparplan herausholen will und
ein halbes Jahr vorher passiert wieder der große Crash und
mein Vermögen halbiert sich? Dann waren 40 Jahre Sparen
für die Katz. Oder ich sitze den Crash noch weitere zehn
Jahre aus.

Man könnte es so zusammenfassen: Wer sich lieber nicht
auf die Börsen einlassen will oder wer sich fürchtet, sein
Geld auf eigene Faust anzulegen, für den ist eine Lebensversicherung eine Wahl. Er sollte dann aber eine wählen,
die laut einschlägigen Vergleichen (etwa von der Stiftung
Warentest) günstig ist und nicht Unmengen von Gebühren
abschöpft. Denn vom eingezahlten Geld landet ohnehin
nur ziemlich wenig auf dem Sparkonto. Je nach Vertrag

bleiben manchmal bis zu 30 oder 40 Prozent bei der Versicherung hängen für Verwaltung, die Risikoabsicherung oder andere Kosten. Und in Sachen Verzinsung haben die Verträge – Krise hin oder her – auch nicht gerade an Attraktivität gewonnen. Denn die 2,25 Prozent Garantiezins, die sie bieten, sind nicht mal in Niedrigzinszeiten wie diesen besonders konkurrenzfähig.

Da bietet jedes Tagesgeldkonto noch mehr. Und das gilt erst recht, wenn die Zinsen wieder steigen. Wer aber Optimist ist und davon ausgeht, dass er mindestens 80 bis 85 Jahre alt wird und sich daher trotzdem für eine Versicherung entscheidet: Bitte nicht mehr als eine Police unterschreiben! Ja, Sie lachen, aber ich kenne Leute, die besitzen gleich drei bis acht davon. Dass jedem von uns mindestens zwei aufgeschwatzt werden, ist völlig normal, beklagen Verbraucherschützer. Und bitte nicht mehr als sagen wir 150 oder 200 Euro pro Monat einzahlen. Denn mit einer Lebensversicherung bindet man sich schließlich über rund 30 Jahre an genau diesen Vertrag. Und falls wir den Beitrag einmal nicht mehr aufbringen können, weil es beruflich nicht mehr läuft oder etwas anderes passiert, dann schlägt das sofort auch aufs angesparte Kapital durch. Es wird erst recht teuer, wenn wir den Vertrag wieder kündigen müssen. Dadurch verlieren Millionen Sparer jährlich etliche tausend Euro. Denn zwei Drittel aller Verträge, so belegen Statistiken, laufen nicht mal ansatzweise bis zum Ende durch. Sie werden vorher schon gestoppt.

Wer dagegen in erster Linie Angehörige für seinen eigenen
Todesfall absichern will, der sollte statt der Kapitallebens-
versicherung lieber eine Risikolebensversicherung wählen.
Die ist viel billiger, weil sie eben nur diesen Zweck erfüllt.
Und die sollten Familienväter oder Familienmütter haben,
die sowohl ihre Kinder versorgt wissen wollen als auch den
Ehepartner, vor allem wenn sie ein gemeinsames Haus
abbezahlen. Und hüten Sie sich vor Vertretern, die Ihnen
Koppelprodukte anbieten wollen: Lebensversicherung und
Berufunfähigkeitsversicherung zum Beispiel. Es ist günstiger und vor allem flexibler, beides getrennt voneinander zu
regeln und zu besparen.

Von einem sollten sie außerdem lieber die Finger lassen:
von fondsgebundenen Lebens- oder Rentenversicherungen.
Die nämlich zweigen noch mehr Gebühren ab als klassische
Policen, bergen aber trotzdem das Risiko, dass das Vermögen schrumpft, wenn die Aktienmärkte gerade im Keller
sind, wenn man sie auflösen will. Die fallen also ebenso wie
die allermeisten anderen Versicherungen unter die 20
Milliarden, die wir uns getrost sparen können.

Soll und Haben

Manchmal ist die Welt des Geldes allerdings auch ganz einfach. Ein Grundsatz gilt nämlich so gut wie immer: Die
Zinsen, die wir bezahlen, wenn wir uns Geld leihen, sind
immer höher als diejenigen, die wir bekommen, wenn wir

Geld übrig haben. Denn Banken haben schließlich auch nichts zu verschenken. Im Gegenteil, sie stehen jetzt noch viel mehr unter Renditedruck als früher und leben davon, dass sie mit unserem Geld arbeiten. Und deshalb gilt der Ausspruch des amerikanischen Lyrikers Robert Frost noch immer als geflügeltes Wort:

„Eine Bank ist ein Ort, an dem sie dir einen Schirm bei gutem Wetter leihen und ihn zurück haben wollen, wenn es anfängt zu regnen." Nur sehen wir das oft trotzdem nicht. Weil nämlich Zinsen – übrigens genau wie Kosten – oft ziemlich gut im Kleingedruckten versteckt sind.

Es passiert daher fast jedem von uns irgendwann mal: Ein Freund hatte mal eine schlechte Phase im Job. Er verdiente wenig, und obwohl er viel arbeitete, bekam er das Geld von den Auftraggebern oft erst mit wochenlanger Verspätung. Weil das dummerweise weder seinen Vermieter kümmerte, noch den Gasanbieter und schon gar nicht die Autofirma, bei der er seinen Leasingvertrag unterschrieben hatte, landete sein Konto ziemlich verlässlich kurz vor Ende des Monats im Minus. Jedes Mal mit ungefähr 200 Euro für ein paar Tage. Seine Bank fand das großartig: Zusätzlich zu dem Geld, das sie daran verdiente, dass er ein Konto bei ihr hat, das gelegentlich im Plus ist und von dem ein monatlicher Betrag auf einen Bausparvertrag und ein Tagesgeldkonto läuft, bekam sie jetzt auch noch die Zinsen für die Überziehung. Die liegen immerhin bei üppigen 14 Prozent. Dafür, dass er jeden Monat 100 Euro auf ein Tagesgeldkonto überweist, bekommt mein Freund von der Bank 2 Prozent Zinsen. Und die Summe auf seinem Bausparkonto verzinst sich mit 1 Prozent. Die Frage, ob es nicht günstiger wäre, zumindest den Fondssparplan mal ein paar Monate auszusetzen, hat er aber nicht wirklich gestellt.

In die Falle tappen viele, auch wenn sie sich für firm in Finanzdingen halten. Ich kenne einige Bekannte, die zwar auf Tagesgeldkonten fünfstellige Beträge horten – zu 2, bis maximal 3 Prozent Zins – aber die für den Kauf eines neuen Autos einen Sofortkredit aufnehmen, der mindestens den doppelten Zinssatz verlangt. Was sie aber in der Regel nicht merken, weil sie das Geld ja erst über die Zeit abstottern.

Und eine ganz ausgefuchste Idee war mal diese hier: Eine Bekannte kaufte vor einer Weile ein Haus und nahm dafür einen Kredit über 250.000 Euro auf. Sie hätte auch nur 200.000 Euro aufnehmen können, weil sie schließlich ein 50.000 Euro schweres Aktien- und Fondsdepot hatte. Aber das wollte sie nicht antasten. Die Kurse würden weiter steigen und mit der Rendite, die das Depot jährlich abwerfe, könne sie die Zinsen des Immobilienkredits schneller abtragen, sagte sie. Davon war sie völlig überzeugt. Auf den ersten Blick klingt das nicht so unlogisch: Für einen Immobilienkredit waren rund 5 Prozent Zinsen fällig. Ein gutes Aktiendepot wirft über die Jahre statistisch gesehen eine Durchschnittsrendite von 7,6 Prozent ab.

Dabei gibt es aber zwei Knackpunkte: Erstens wissen wir spätestens seit dem jüngsten Börsencrash, wie wenig man sich auf die statistischen Durchschnittswerte an den Finanzmärkten verlassen kann. Und zweitens ist das, was ein Darlehen von 250.000 Euro bei 5 Prozent an Zinsen kostet, erheblich mehr als das, was 50.000 Euro zu 7,6 Prozent abwerfen. Vereinfacht gerechnet: Für die 250.000 Euro fallen 12.500 Euro Zinsen an, das sind mehr als 1.000 Euro im Monat, um den sich der Kredit ganz von allein vergrößert. Die 50.000 Euro in Aktien werfen aber nur 3.800 Euro aufs Jahr hin gesehen ab. Aber um damit den Kredit zu tilgen, müssten wir sie ja am Ende des Jahres auch verkaufen. Sonst bliebe die Rendite ja nur ein Zuwachs auf dem Papier. Und wenn wir sie verkaufen – was soll uns dann im Folgejahr die große Rendite bringen?

Selbst wenn wir das Depot veräußern: Es bleibt eine Lücke von 8.700 Euro, um die der Darlehenszins den Aktienzins übersteigt. Und das gilt für ein gutes Aktienjahr. Tatsächlich nämlich rutschte der Deutsche Akteinindex Dax im Jahr 2008 um rund 40 Prozent ab. Das hat ehrlich gesagt auch meine Bekannte schockiert. Aber nach diesem Absturz will sie jetzt ihre Fonds und Aktien erst recht nicht auflösen, weil sie ja im Moment kaum noch etwas dafür kriegt. Weil sie statt der ursprünglichen 50.000 Euro Vermögen nur noch 30.000 Euro besitzt. Der Kreditzins aber läuft weiter. Hätte sie das 50.000-Euro-Depot aufgelöst und dadurch nur 200.000 Euro an Darlehen aufnehmen müssen, dann hätte sie sich dagegen allein im ersten Jahr 2.500 Euro an Zinsen erspart.

Was wir daraus lernen? Erstens, dass wir den Effekt von Zins und Rendite oft falsch einschätzen. Besonders bei den Zinsen, die wir für eine aufgenommene Geldsumme zahlen. Deshalb gilt bei großen Anschaffungen vor allem eines: Immer erst das komplette Geld flüssig machen, das man zur Verfügung hat, um die mögliche Darlehenssumme und damit auch den Darlehenszins so klein wie möglich zu halten.

Und zweitens, dass man den Eindruck bekommen kann, dass uns die Statistik mit ihren Durchschnittsrenditen meist genau dann im Stich lässt, wenn wir sie am nötigsten brauchen. Dann nämlich, wenn wir das Geld vom Konto abheben wollen, das wir dort jahrzehntelang angesammelt haben. Das ist der Effekt mit dem „schwarzen Schwan", wie es der Bestsellerautor Nassim Nicholas Taleb erklärt: Die Statistik sagt, dass schwarze Schwäne so gut wie nie in der Natur vorkommen. Deshalb hat sie keiner von uns auf seiner Rechnung. All unsere Modelle sind darauf ausgelegt, dass wir nur weißen Schwänen begegnen.

Bei den Statistiken zu den Aktienmärkten klingt das dann zum Beispiel so: Über die letzten 50 Jahre haben sich die Aktienkurse nach oben bewegt. Natürlich schwankten sie zwischendurch stark, aber für jeden 15-Jahres-Zeitraum galt: Die Aktienindizes wie der deutsche Dax, der amerikanische Dow-Jones oder der Weltindex MSCI World standen am Ende des Zeitraums jeweils höher als am Anfang. Egal, an welchem Punkt Anleger eingestiegen sind. Das „Gesetz des Marktes", das wir daraus ableiteten, war: Die Aktienanlage lohnt sich auf lange Sicht immer, jedenfalls wenn man sein Geld breit über die verschiedenen Aktien streut, weil man damit noch immer einen Gewinn erzielt hat.

Das galt bisher. Doch dann kommt der Moment, in dem wir vor einem schwarzen Schwan stehen – wie jetzt. Und in dem alles, was wir uns als wahrscheinlich errechnet haben, jäh zusammenbricht, weil eben doch das eine statistisch absolut unwahrscheinlichste Ereignis eingetreten ist. Dessen Folgen aber sind enorm. Denn in diesem Fall hieß es für viele Sparer, die auf das stete Steigen der Kurse setzten: Erstmals greift diese Regel nicht. Der automatische Anstieg klappt also längst nicht immer.

Ganz besonders bitter ist das für diejenigen, die mit dem Geld fest gerechnet haben, um damit demnächst ihren Ruhestand zu finanzieren, und nun noch Jahre weiter warten müssten, bis die Kurse wieder das machen, was sie statistisch gesehen noch immer taten: wieder steigen. Die Jüngeren von uns werden sich da deutlich leichter tun, die kommenden Jahre auszusitzen und auf wieder steigende Kurse zu hoffen, bevor sie Fonds oder Aktien verkaufen. Denn täten wir das nach diesem Crash, führen die meisten von uns herbe Verluste ein. Warten wir, wird der Effekt des einen schwarzen Schwans, der uns mit der Krise über den Weg gelaufen ist, durch die Begegnung mit vielen weiteren weißen wieder abgemildert werden. Bis wir ihn irgendwann vergessen haben.

Der eine schwarze Schwan sollte uns jetzt aber nicht so aus der Fassung bringen, dass wir aus Angst, ihm zu begegnen, in eine Schockstarre verfallen. Aber wir sollten im Kopf behalten, dass wir auch mit ihm rechnen müssen, mit dem extrem Unwahrscheinlichen. Und nicht nur mit dem statistischen Durchschnitt. Denn wie heißt es so schön: Leben ist das, was passiert, während wir planen.

Das Wunder des Zinseszins

Und selbst wenn es uns gelänge, auf eine längere Zeit wirklich 7,6 Prozent Wertsteigerung zu erzielen (wovon allerdings bei einem Aktiendepot oder Fondsdepot noch Ertragsteuern, laufende Kosten fürs Depot und die Inflation abgehen): Das Handicap ist: Meistens sparen wir ja eher in homöopathischen Dosen. Da kommt der Zins gar nicht so stark zum Tragen, als wenn wir eine größere Summe Geldes aufnähmen. Moment mal, höre ich jetzt einige sagen: Erzählt man uns nicht ständig, dass der Zinseszins beim Sparen wahre Wunder bewirkt? Stimmt, manche nennen ihn sogar das siebte Weltwunder bei der Geldanlage. Aber seine große Kraft entfaltet er erst, wenn wir auch wirklich 30 Jahre mit dem Sparen durchhalten. Und bis dahin wie die Eichhörnchen ein kleines Vermögen angesammelt haben, dass sich in den letzten Jahren bis zur Rente tatsächlich auf wundersame Weise wie von selbst vermehrt.

Mein Lieblingsbeispiele in diesem Zusammenhang ist folgende Rechnung: Wenn jemand mit 20 Jahren mit dem Sparen beginnt und monatlich 166 Euro zurücklegt, also 2.000 Euro im Jahr, und wenn er das durchhält, bis er 30 Jahre alt ist und dann aufhört. Was meinen Sie, wie viel Geld er besitzt, wenn er 65 Jahre alt ist? Es ist genauso viel, als würde er erst mit 30 Jahren anfangen, die gleiche Monatssumme zu sparen – dafür dann aber 35 Jahre lang. Es sind 254.000 Euro. Allein dadurch, dass er früh anfängt und das Geld dann ewig liegen lässt, kann er sich also 25 Jahre Sparzeit im wahrsten Sinne des Wortes ersparen.

Am eindrucksvollsten aber ist: Bei einer Verzinsung von nur 3 Prozent verdoppelt sich das Kapital in 25 Jahren. Prima, die 3 Prozent Rendite bekommen wir locker hin, heißt das, wir werden im Alter doch noch alle Millionäre? Das wäre schön, und es könnte sein, dass das vom Papierwert her hinkommt. Aber noch haben wir bei der Rechnung die Inflation vergessen: Die liegt stets gar nicht so weit unterhalb dessen, was als Verzinsung von relativ sicheren Tagesgeldkonten lockt – und sie frisst einen Teil des Wertes wieder auf, den die Verzinsung uns beschert. Obwohl sich unser Geld also bei 3 Prozent Rendite pro Jahr verdoppelt, nimmt uns die Inflation mit mindestens rund 2 Prozent pro Jahr in zehn Jahren 20 Prozent, in 25 Jahren sogar 50 Prozent wie-

der weg. Vorausgesetzt, die Teuerungsrate bleibt in den
Bahnen, die wir uns ausmalen können.

Denn zumindest durchgespielt haben viele inzwischen das
Horrorszenario der Hyperinflation und der rasanten Geld-
entwertung, das angesichts der wachsenden Staatsverschul-
dung drohen könnte. Das haben unsere Eltern und Großeltern alles schon erlebt. Manche von ihnen auch mehrfach.
Ausgeschlossen ist also im Prinzip nichts. Aber es sollte uns
nicht so bange machen, dass wir das Sparen gleich einstel-
len nach dem Motto: Bringt ja eh alles nichts.

Also doch noch schnell eine Immobilie kaufen? Die Frage
habe ich von vielen Seiten in den vergangenen Monaten
gehört. Zumindest sollten alle künftigen Hausbesitzer so
etwas vorher noch einmal genau mit Experten durchrechnen.
Und sie sollten jetzt noch einmal kräftig durchschlucken,
bevor sie weiterlesen, denn die Wucht von Zins und Zinseszins heißt für sie schließlich auch: Die Schuldenlast, die man
sich mit einem Hauskauf aufbürdet, verdoppelt sich in 25
Jahren genauso, selbst wenn man nur 3 Prozent Darlehenszins zahlt. Die meisten Zinssätze liegen sogar noch darüber.

Natürlich trägt man das Darlehen ja während dieser 25
Jahre auch ab, aber: Das enorm schnelle Wachstum bei Zins
und Zinseszins führt bei Immobiliendarlehen dazu, dass
wir bei einem Hauskauf meist die ersten 10 bis 15 Jahre
nichts anders machen, als die stetig nachwachsenden Zinsen mit unseren monatlichen Raten im Zaum zu halten –

bevor wir überhaupt daran gehen, die tatsächlich aufgenommene Summe abzutragen. Und wir könnten den Eindruck bekommen, dass Statistiken und Durchschnittsrenditen zwar ein guter Anhaltspunkt sind, aber dass uns die tatsächlichen Renditen vielleicht immer dann im Stich lassen, wenn wir sie am nötigsten brauchen.

Konten plündern statt Sofortkredit

Die positive Lehre daraus ist also: Bevor wir bei der Bank in die roten Zahlen rutschen, sollten wir erst einmal zusehen, ob es nicht noch ein anderes Konto gibt, dass wir für eine Weile plündern können. Aber bitte nicht falsch verstehen: Dies ist nicht das Plädoyer dafür, dass man nach Belieben immer wieder das Geld abzweigt, das man eigentlich für die Altersvorsorge zurücklegen wollte. Nur, um damit den Konsum zu finanzieren. Gerade Sparpläne leisten da schließlich gute Dienste: Sie nehmen uns nämlich die monatlich fällige Entscheidung, wie viel Geld wir diesmal wieder übrig haben, um es langfristig wegzulegen. Mit einem Sparplan richten wir uns einen Automatismus ein, der das Geld per Dauerauftrag ganz von allein abzweigt, ohne uns vorher zu fragen. Das schafft einen Sparzwang, den Verhaltensökonomen sehr begrüßen. Weil es uns mehr Überwindung kostet, diesen Automatismus wieder außer Kraft zu setzen, als am Ende eines Monats zu entscheiden: Ach, heute spare ich mal nicht die üblichen 200 Euro, sondern nur 100. Dabei nämlich würden wir in schlechten Zei-

ten eine Ausnahme – weniger Geld zurückzulegen – viel
schneller zur Regel machen.

Aber: Es ist auch wiederum nicht Sinn der Sache, dass wir uns
starre Pläne auferlegen und vielleicht überzogene Sparziele
setzen und dass wir dadurch ständig unser Konto in den
Dispo trieben, nur um monatlich auch noch den Höchstbe-
trag für die Altersvorsorge beiseitezuschaffen. Wer die Altersvorsorge auf Pump finanziert, baut damit auf Dauer kein Vermögen auf, sondern manövriert sich in die Schuldenfalle.
Daher gilt: Einen Ansparplan mal für ein paar Monate auf Eis
zu legen, wenn der Job weg ist oder das Konto schlank, ist
kein Vergehen. Dauert die Flaute aber länger, dann ist es sinnvoller, die Geldanlagen danach zu durchforsten, welche davon
man auch wieder ad acta legen kann.

Als Faustregel für mögliche Sparmaßnahmen gilt: Versicherungen zu kündigen ist nur in Ausnahmefällen ratsam
und auch nur dann, wenn es eine Police ist, die ohnehin
überteuert ist. Ansonsten verliert man beim Kündigen zu
viel Geld. Vor allem Finger weg von bereits laufenden Ries-
ter-Renten: Wenn man die nämlich nicht als Fondssparplan
abgeschlossen hat, sondern als Lebens- oder Rentenversicherung, dann kassiert schon mal die Versicherungsgesellschaft hohe Abschläge. Und zusätzlich verlangt der Staat
seine Zuschüsse zurück, wenn ein Sparer sie vor dem Rentenalter auflöst. In großen Notfällen kann man ja die Versicherungen auch erst einmal zwei Jahre beitragsfrei stellen
und sich damit Zeit und Luft verschaffen.

Sparpläne kann man dagegen problemlos und ohne Kosten in der Sparsumme anpassen. Deshalb eignen sie sich auch fürs kurzfristige Manövrieren gut.

Bei Bausparverträgen sollte man sich selbst fragen, ob man wirklich in absehbarer Zeit vorhat, ein Haus oder eine Wohnung zu kaufen. Denn sie funktionieren nach dem Prinzip: Du bekommst zwar fürs Sparen nur 1 Prozent Zinsen. Aber dafür kriegst du auch beim Hauskauf einen sehr billigen Kredit. Gleicht sich also alles wieder aus – allerdings nur, wenn man den Kredit auch wirklich in Anspruch nehmen möchte. Sonst kann es billiger sein, den Vertrag wieder aufzulösen, davon Schulden zu tilgen und später entweder auf eigene Faust zu sparen oder einen neuen Bausparvertrag abzuschließen. Erst einmal Luft verschaffen, das ist das Wichtigste.

„Und wenn ich nun gerade noch ein bisschen Luft habe – aber in diesen unsicheren Zeiten echt nicht weiß, was ich mit meinem Geld nun anfangen soll?" Das hat mich letztens eine Freundin gefragt und mich mit großen Augen angeguckt. Im Moment erzählen ihr ja alle Nachrichten, dass alles so unsicher geworden ist. Kaum einer der Banken könne man noch vertrauen, und ob sie nun ausgerechnet dem Staat ihr Geld anvertrauen wolle? „Wo der doch grad jedes noch so marode Unternehmen mit Millionen unterstützt, aber dann für mich als freiberufliches Ein-Mann-Unternehmen garantiert keine Kohle mehr übrig hat …" Ihr Bankberater stalkt sie seit ein paar Wochen. „Der kann

doch eigentlich gar nicht wissen, dass ich noch ein paar
Euro übrig habe. Aber er ruft jede Woche an und fragt, ob
ich mal zur Beratung kommen will." Will sie nicht. Weil
sie auch weiß, dass die Banken gerade dringend Geld brauchen und ihr am Ende nach zwei Stunden Gespräch bei
einem großen Latte Macchiato alles Mögliche angedreht
haben werden. Vielleicht sogar irgendwelche Express-Cap-
ped-Bonus-Anti-Inflations-Garantiezertifikate, weil sie ein
extrem ängstlicher Mensch ist. Und jetzt ihre Euros irgendwie sicher anlegen will. Aber keine Ahnung hat, wie. Und
den Beratern nach der dritten Tasse Kaffee irgendwann alles
glauben würde.

Erst überlegen, dann mit anderen reden

Man kann ihr viel nachsagen. Könnte ihr auch viele Fragen
zur Geldanlage stellen, die sie wohl eher suboptimal beantworten würde. Aber dass sie keine Ahnung hat, finde ich
ganz und gar nicht. Sie ist sogar weiter als manch anderer
von uns: Sie fragt nicht nach dem absolut sicheren Geldparkplatz, mit dem sie ihr weniges Geld in kurzer Zeit sehr
schnell vermehrt, aber es auch jederzeit wieder abheben
könnte, wenn ihre Auftraggeber mal eine Weile ausbleiben.
„Alles auf einmal" geht mit dem, was sie hat, nicht – das
weiß sie. Deshalb hat sie schon eine Abwägung getroffen:
Sie will vor allem Sicherheit. Und auf Platz zwei steht ihr
Wunsch, dass das Geld auch kurzfristig wieder verfügbar
ist. Auf den hinteren Platz hat sie die Frage nach der Ren-

dite gestellt. Auf den ein oder anderen Prozentpunkt Rendite kann sie da eher gut verzichten. Damit hat sie sich im Grunde schon für einen Geldparkplatz entschieden. Sie weiß es nur noch nicht.

Manche Grundsätze ändern sich eben doch nicht, egal, wie die Zeiten auch sind. Das Dreieck aus Sicherheit, Verfügbarkeit und Rendite, in dem man sich entscheiden oder über das man sein Geld ausgewogen streuen muss, wenn man mehr davon hat, ist einer davon. Wer Sicherheit sucht, dürfte auch im Moment mit einem Tagesgeldkonto gut bedient sein. Das sollte sie bei einer großen Bank anlegen, möglichst bei einer, die Mitglied ist im freiwilligen Einlagensicherungsverbund des Bundesverbands Deutscher Banken, der Volksbanken oder der Sparkassen. Sie könnte auch ein Festgeldkonto nehmen, aber das ist meist nicht viel besser verzinst, dafür ist das Geld aber nicht mehr verfügbar. Oder sie könnte Bundesschatzbriefe kaufen. Aber auch die sind in puncto Verfügbarkeit nicht ihre erste Wahl.

Über eine Versicherung müssen wir gar nicht erst diskutieren, schließlich muss sie beweglich bleiben und kann das Risiko eines 30-Jahres-Vertrages gar nicht erst eingehen. Und als ich ihr zum Tagesgeld rate, sagt sie ganz glücklich: „Gut, das habe ich nämlich schon, aber ich war mir nicht sicher, bei allem, was man jetzt hört."

Wäre sie stattdessen weniger an Sicherheit und mehr an Rendite interessiert, hätte ich ihr einen Indexfonds emp-

fohlen, auf den deutschen Aktienindex Dax oder auf den
europäischen Eurostoxx. Aber auch eher, wenn sie nicht
notfalls über das Geld verfügen müsste, sondern bei einem
neuen Kurssturz auch vier bis fünf Jahre warten könnte, bis
die Kurse wieder steigen. Über Staatsanleihen hatte ich für
sie auch nachgedacht. Aber vielleicht ist ihr das
Zusammenspiel aus Zinsen und Kursen schon wieder zu
kompliziert.

Und ich sehe sie schon die Augen verdrehen, wenn ich
anfange zu erklären, dass es gerade sinkende Zinsen bei
langlaufenden Anleihen gibt und dafür steigende bei kurz-
laufenden. Wahrscheinlich hätte ich dabei schmunzeln
müssen und mit dem Satz geschlossen: „Ist wie beim Rou-
lette, weißt du. Oder am besten würfelst du dann aus, welche davon du gerne hättest." Auf lange Sicht jedenfalls
hätte sie zumindest in den letzten 50 Jahren nichts damit
falsch gemacht, würde ich dann aber noch mit todernster
Miene die Ökonomen zitieren. Und dann würden wir beide
lachen: „Ja, ja, hinterher weiß man immer mehr."

Wissen ist Macht – wenig wissen macht auch nichts

Aber das ist das Schöne bei der Geldanlage: So richtig viel
wissen muss auch nicht immer so richtig viel nützen. Das
haben Verhaltensökonomen in Jahren auch immer wieder
mit den abenteuerlichsten Experimenten durchexerziert.

Sie ließen Anlageentscheidungen von Affen und von Klein-
kindern treffen, ließen Kommissar Zufall Regie führen und
stellten fest: Am Ende trafen diejenigen die beste Auswahl,
die am wenigsten Ahnung hatten. Laien kamen insgesamt
auf eine äußerst akzeptable Durchschnittsrendite. Auf
jeden Fall schnitten sie besser ab als die Semiprofis, die sich
in ihrer Freizeit stundenlang mit Börsentipps und
Aktiencharts beschäftigten.

Überraschend? Nein, gar nicht. Denn je mehr diese Leute
über einzelne Mechanismen wussten, desto mehr versuchten sie auch, sie für sich auszunutzen. Sie lasen am Wochenende die Aktienteile und kauften oder verkauften dann
montags hektisch Papiere und Finanzprodukte, um die
Tipps darin für sich auszunutzen. Dadurch aber handelten
sie zu viel und zu oft und ließen viel Geld bei den Banken
und Brokern. Außerdem, so ergaben Studien auch, neigen
die Aktienkurse von Unternehmen dazu, abzusacken,
sobald über die Firmen berichtet wird. Selbst wenn sie vorher emsig gestiegen sind. Hinterher weiß man also tatsächlich mehr, aber man besitzt meist weniger.

Die bessere Strategie ist deshalb: Nicht jeder Nachricht
nachlaufen. Mit ein paar Produkten solide und breit aufstellen. Je nachdem, was das Budget hergibt. Eine Allzeit-
Anlage ist zum Beispiel: ein Drittel in Tagesgeld, ein Drittel in Anleihen, und ein Drittel in Aktien- und Fonds, zum
Beispiel je zur Hälfte in Indexfonds und in offene Immobi-
lienfonds. Wer Angst vor Inflation hat, sollte davon 10 Pro-

zent in Gold anlegen, am besten in Goldbarren oder sogenannte Goldindexpapiere ETCs. Und wenn man ein Haus
kaufen will? Dann ab zu einem unabhängigen Berater, am
besten bei den Verbraucherzentralen oder zu einem Hono-
rarberater.

Und wenn es nun doch so ist, dass man mit all diesen Ver-
teilungskämpfen den Kürzeren zieht, sich auch durch kurzfristige Hin- und Her- und Umschichtungen auf dem
Konto nicht genug Luft zum Sparen verschaffen kann? Und
trotzdem wieder jeden Monat eine gewisse Summe Geld
auf dem Konto fehlt? Dann hilft nur eines: Gehe zurück zu
Kapital eins, begib dich direkt dort hin. Gehe nicht über
Los, und zieh Dir nicht noch tausend andere Anlagetipps
rein. Sondern fang stattdessen mit dem Umsetzen des
ersten Tipps auch wirklich an!

Nadine Oberhuber hat eine große Schwäche: Sie ist kein Sparbrötchen und kauft gerne ein. Während andere schon Stressschübe bekommen, sobald sie nur an Supermärkte oder Shoppingzonen denken, findet sie Einkaufen entspannend. Weil man sich dabei alles nach Lust und Laune aussuchen und viel Neues ausprobieren kann.

Aber vor lauter Produkten und Preisen verlieren viele Einkäufer schnell den Überblick und so mancher Kauf – gerade bei Technik und Finanzdingen – stellt sich im Nachhinein als Fehlinvestment heraus. Deshalb ist sie so etwas wie eine Profi-Shopperin geworden: Eine Finanzjournalistin auf der Suche nach Produkten, für die sich das Geldausgeben wirklich lohnt. Ein wandelnder Vergleichsrechner, der auch mal fragt, was hinter den Etiketten steckt. Und eine Kritikerin, die sagt, was wir uns eigentlich sparen könnten. Als Wirtschaftsredakteurin schreibt sie ihre Erlebnisse beim Einkaufen für die Frankfurter Allgemeine Sonntagszeitung auf. Ihre Arbeit wurde mit mehreren Journalistenpreisen ausgezeichnet unter anderem dem Helmut-Schmidt-Preis für kritischen Verbraucherjournalismus.

Gerald Braunberger

Keynes für jedermann

Die Renaissance des
Krisenökonomen

200 Seiten. Flexcover.
17,90 € (D), 31,90 CHF*
ISBN 978-3-89981-203-9

Gerald Braunberger,
Judith Lembke Hg.

Finanzdynastien

Die Macht des Geldes

232 Seiten. Flexcover.
17,90 € (D), 31,70 CHF*
ISBN 978-3-89981-188-9

Simone und Steffen Uttich

Es ist nur Geld

10 Fehler, mit denen Sie sicher
Ihr Vermögen versenken

240 Seiten. Flexcover.
17,90 € (D), 31,90 CHF*
ISBN 978-3-89981-206-0

Judith Lembke

Neulich in meinem Café

Ökonomische Gespräche
beim Cappuccino

224 Seiten. Hardcover mit
Schutzumschlag.
17,90 € (D), 31,90 CHF*
ISBN 978-3-89981-205-3

* zzgl. ca. 3,– € Versandkosten bei Einzelversand im Inland.
Sämtliche Titel auch im Buchhandel erhältlich!

Frankfurter Allgemeine Buch